芳虹吐颖 弦歌不辍

北虹
150周年
图史

上海音乐学院虹口区北虹高级中学
上海市虹口区档案馆
编

上海教育出版社
SHANGHAI EDUCATIONAL
PUBLISHING HOUSE

序言

于平凡中传承不凡

斗转星移，光阴荏苒，北虹高级中学迎来了她 150 周年华诞。

150 年基业，薪火相承，历史的脚步凝重却清晰，教育的传承绵延而不息。诞生于近代上海的圣芳济学院，可以说是“北虹”的摇篮。从 1874 年到 2024 年，从圣芳济到时代中学、北虹中学，发展到北虹高级中学，如今的上海音乐学院虹口区北虹高级中学，150 年奋斗，续写华章。风雨砥砺中，既有初创时的举步维艰，也有奋进中的探索思考，更有喜悦中的跨越发展。

都说一个学校从她诞生之日起，就如同一列没有终点的列车。一代又一代教师从青春到白发，一批又一批学生从懵懂到明智。

150 年来，“北虹”始终与时代同行。从宣传新文化、传播新思想，到为社会主义建设和新时代培养输送人才，学校始终积极作为，响亮有力地发出自己的声音。

150 年来，“北虹”始终牢记育人使命。狠抓校园建设、教育教学、队伍培养、校园文化等主业主责，大力弘扬“让每一个学生得到充分和谐的发展”办学理念，逐步形成了“学会学习、善于适应、勇于创造”的校训。

“北虹”，就是这样的列车，她已经持续奔驰了 150 个春秋。学校的发展离不开各个时期的领导者和教职员工的辛勤付出，正是他们的智慧和汗水，才铸就了学校的辉煌成就；学校的发展也离不开社会各界人士的大力支持，正是他们的倾力帮助，才为学校发展提供了坚实的后盾。

回首“北虹”的发展历程，我们感到自豪和骄傲。学校的每一步发展，都蕴含着无数人的辛勤付出和奉献；学校的每一个成就，都是师生们共同努力的结果，都是社会各界共同奋斗的成果。

今天，翻开这本画册，我们无比欣慰：看一幅幅图片，如同穿越“北虹”150 年的历史；读一行行文字，如同经历“北虹”150 年的沧桑。回首往昔，“北虹”一路艰辛勇开拓；放眼今朝，“北虹”与时俱进谱新篇；极目未来，“北虹”志存高远创辉煌。这是曲折 150 年，进取 150 年，辉煌 150 年，经典 150 年。

今天，翻开这个画册，我们由衷感叹：栉风沐雨，一路留下坚实的足迹，这是历史的镜头；高歌猛进，沿途播撒希望的种子，这是厚重的篇章；开创未来，共同书写生命的脉络，这是岁月的画卷。一部“北虹”史，浸染了数代北虹人的奋斗心血，谱写了北虹人青蓝相接、弦歌不辍的赞歌。

历史的车轮缓缓碾过，未来的卷轴徐徐展开。教育乃百年大计，肩负着民族振兴的重担，无论过去，还是现在，抑或是未来，教书育人都是每一个北虹人必当秉持的信念。我们有理由相信——历史，在这里凝聚，但不会在这里止步，因为北虹人无暇陶醉在历史的功劳簿前；历史，在这里定格，但不会在这里驻足，因为北虹人不屑端坐在昨天的荣誉台上。

汽笛长鸣，车厢中的故事还在继续演绎，旅途中的风景还在无限铺展。过去的流金岁月已经载入史册，未来的锦绣前程正等待新一代北虹人去描绘。让我们一如既往，行春风化雨，立自强远志。

是为序。

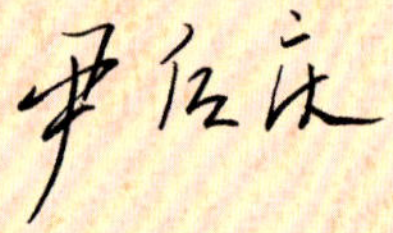

2024 年 9 月

目录

第一章

历史的足迹

一个学校的过去、现在和未来，都和国家的命运紧密相连。

近代教育制度在中国滥觞以降，上海始终是其生生不息、蓬勃发展的重镇。上海开埠以后，伴随着西学东渐与城市近代化，不同于传统私塾和书院的新式学堂开始出现，外国教会率先在上海兴办学校，在客观上传播了先进的科学文化知识，其办学理念、课程设置、教材教法为中国近代教育制度提供了有益的借鉴。

圣芳济学院，是近代上海教会办学的典范。这个百年学府从近代走来，是被动的，也是主动的。被动，是因为近代中国总是处在被动挨打地位；主动，是因为摆脱被动挨打地位的最终路径，是可以自己选择的。圣芳济的早期历史，也不可避免地呈现出“被动中的主动”这样的态势。

从1874年学校初创，到1884年迁入新址，再到1934年60周年校庆，直至1949年后的新生，圣芳济70多年的办学历程，风雨如磐，几经坎坷，在中国近代教育史上留下了自己的足迹。比之风云变幻的近代时局，圣芳济的历史，或许只是沧海一粟；然而，在教育救国，为民族复兴和子孙后代培养人才方面，圣芳济却是在执着中前行，留下了可歌可泣的厚重一页。可以说，圣芳济就是近一个世纪以来中国近代教育生长发展历程的一个代表和缩影。

1

第一节　开埠初创

上海的新式学校肇始于 19 世纪 40 年代末 50 年代初。新式学校的创办，不仅有力地冲击着传统思想的禁锢，而且为中国近代社会打下了初步基础。

1857 年，来沪传教的法国天主教会神父台司则客（Desjaques）在圣若瑟堂（位于今四川南路）居所内为 4 名洋童授课，虽因故中辍，但触发了传教士兴办洋童学校的想法。1874 年，法国天主教上海主教蒙雪纳 ・朗极腊脱（Bishop Monsignor Languillant）和会长神父福考脱（F.Foucauit）决定创办一所正规学校，神父德尔狄（Turdy）被任命为校长，不久“圣芳济学堂”在法租界公馆马路（今金陵东路）正式开学。1882 年，天主教会在虹口南浔路圣心堂对面购地建造新校舍。1884 年，新校舍落成，学校正式定名为“圣芳济学院”（St. Francis Xavier' s College）。

第一次鸦片战争，中国战败。1842 年 8 月 29 日，清政府被迫与英国签订不平等的《南京条约》，开放广州、福州、厦门、宁波、上海五处为通商口岸。

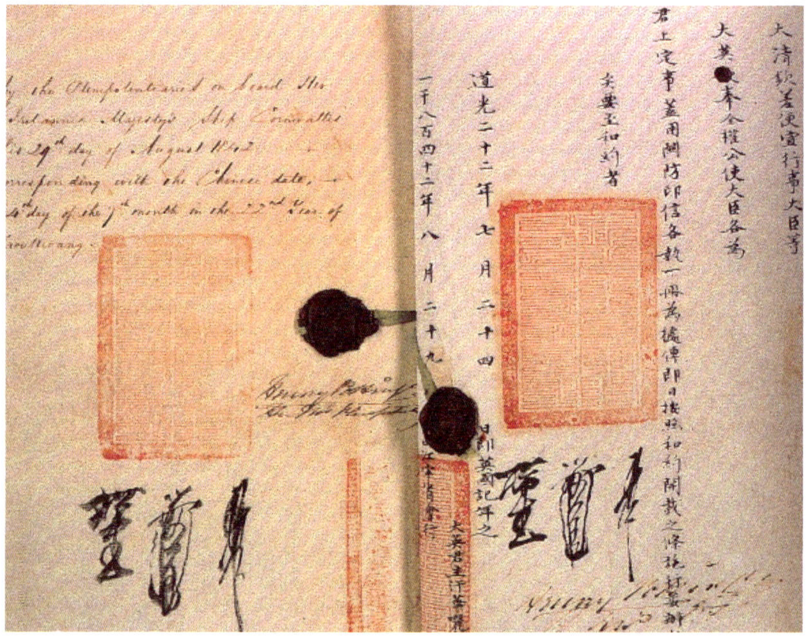

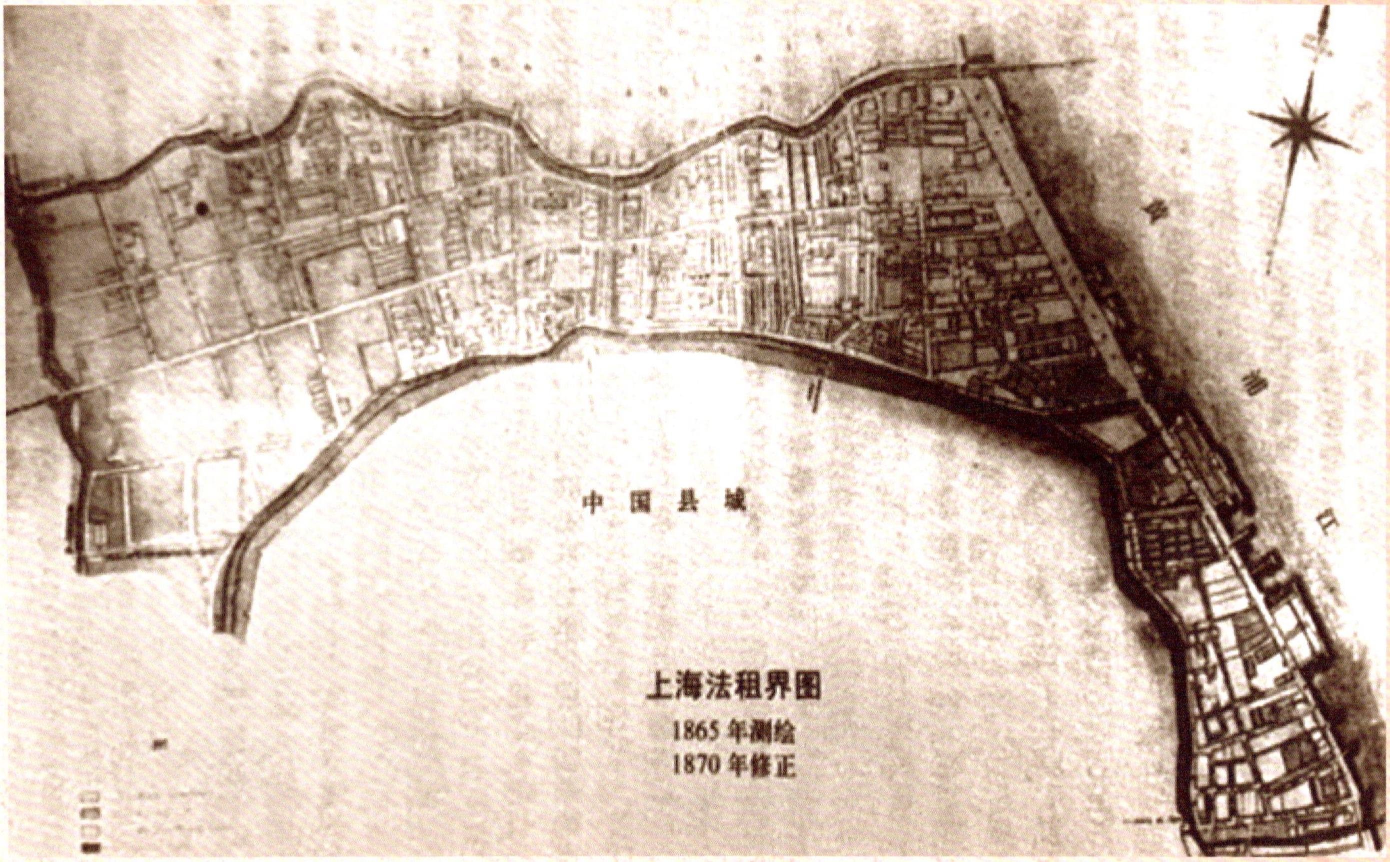

1843年11月17日，上海正式开埠。继英租界之后，法国总领事敏体尼（Charles de Montigny）与上海道台麟桂于1849年4月6日正式签字换文，在县城以北设立法租界。1848年，美国传教士文惠廉（William Jones Boone）向上海道台吴健彰提出在虹口辟设美租界。图为1865年绘制的法租界地图

1850年，法国天主教会创办圣依纳爵公学，即徐汇公学，这是外国教会在上海最早开办的新式学堂。

1874年9月，圣芳济学堂在法租界公馆马路口正式开学。当时，教室只有2间。图为法租界外滩公馆马路明信片

圣芳济学堂的创办者苏念澄神父（Hippolytus Bosuiau）是一位博学多才的学者型会士，后任土山湾印书馆馆长。

圣芳济学堂首任校长德尔狄神父

1857年，来沪传教的法国天主教会圣若瑟堂神父台司则客在自己居室为4名洋童课读，5年后中辍。圣若瑟堂，即洋泾浜天主教堂，现为上海市优秀历史建筑。

PAST STUDENTS OF ST. FRANCIS XAVIER'S COLLEGE
IN THE SOCIETY OF JESUS
REV. FATHER DE FIGUEIREDO
1883
REV. BROTHER DAMASIO-1876
REV. FATHER DINIZ 1876

早期的圣芳济校友

1882年，圣芳济学堂学生增至112人，教会在虹口南浔路圣心堂对面购买土地，于11月奠基开始建造新校舍。虹口圣心堂全称“救世耶稣至圣之心堂”，由法国耶稣会辖下的江南宗座代牧区斥资兴建，1876年6月10日竣工并举行开堂弥撒，是公共租界区域内的第一座天主教堂。图为虹口耶稣圣心堂

圣芳济新校舍主建筑为四层带三角顶的无彩饰法式洋房，前后有大、小操场各一个，占地约 1.06 万平方米。建造投资初为 40000 银元，后有一慈善机构承担 50000 美元余额才得以顺利竣工，设计者是梅厄雷特修士。1884 年 6 月，虹口南浔路新校舍落成。

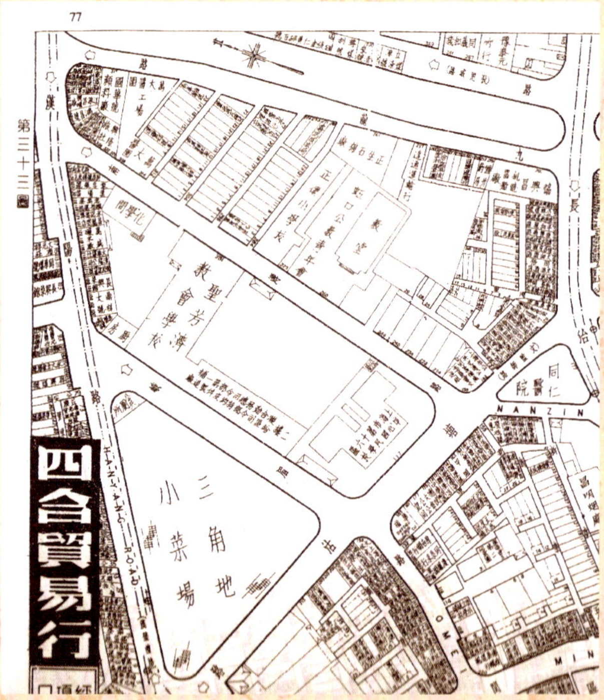

1947 年《上海市行号路图录》中，标注圣芳济学院。

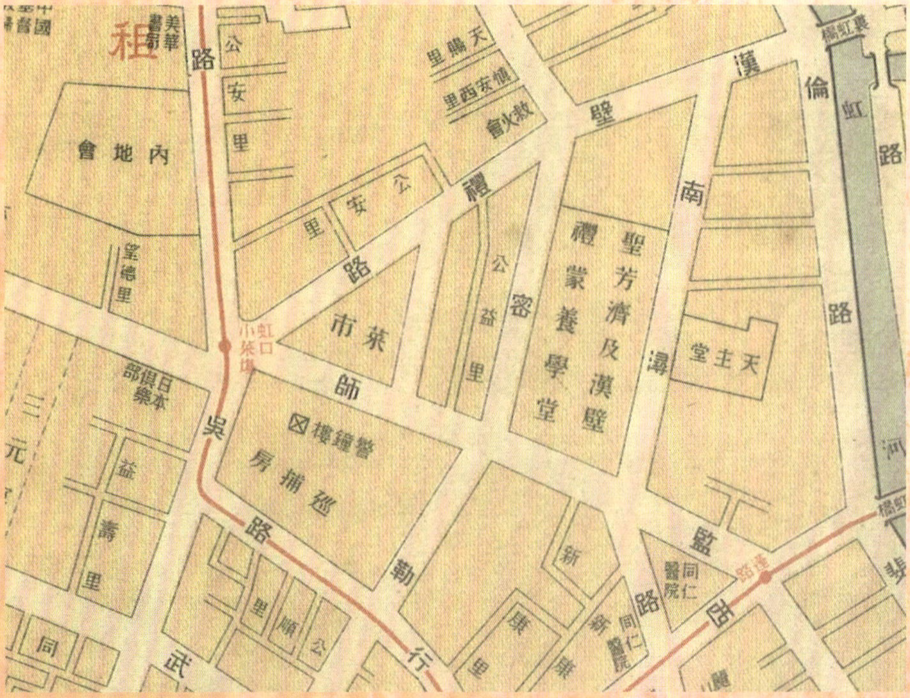

1918 年地图中，标注圣芳济学院。

第二节　学府滥觞

1884 年，在建校 10 周年之际，圣芳济迁入虹口新址上课。上海道台邵友濂赠送学院一座铸于英国伦敦的人型建筑钟，钟面直径 1 米有余，分前后两面，曾安装于教学楼顶层三角形钟楼中，为报时所用。

从最初的全盘引用西方教育体制、教材及办学理念，到同时秉持传承本土文化教书育人的理念，圣芳济学院既是西学东渐的产物，也是西学传播的源泉。从 1880 年起开始招收中国学生，兴学育才，对于西方舶来的事物，再也不走拿来就用的老路，而是开始思考要与中国的实际情况相结合。

1884 年 6 月，在建校 10 周年之际，圣芳济共有学生 196 人，其中中国学生 23 人。学生们根据各自程度情况，分别被编入 8 个班级，依照西方近代模式进行严格的教育和训练。迁入虹口新址后，学校硬件设施齐全，教学规模不断扩大，学生进校学习后均有明显进步。学校鼓励毕业生投考海内外著名高校，1905 年首次派遣 4 名学生参加英国剑桥大学公开考试，有 3 人获得合格文凭，之后一直保持着较高的录取率。在师生们的共同努力下，圣芳济逐渐发展成为近代中国赫赫有名的学校，声誉日隆，申请入学者纷至沓来。

实物现珍藏于校史陈列室

圣芳济学院操场，左上角隐约可见位于南浔路对面的耶稣圣心堂。

圣芳济学院操场边门

圣芳济学院中大楼

圣芳济学院操场。当时，在学校操场铺设铁轨，即可开动蒸汽火车模型。实物现珍藏于校史陈列室。

校长室

医务室

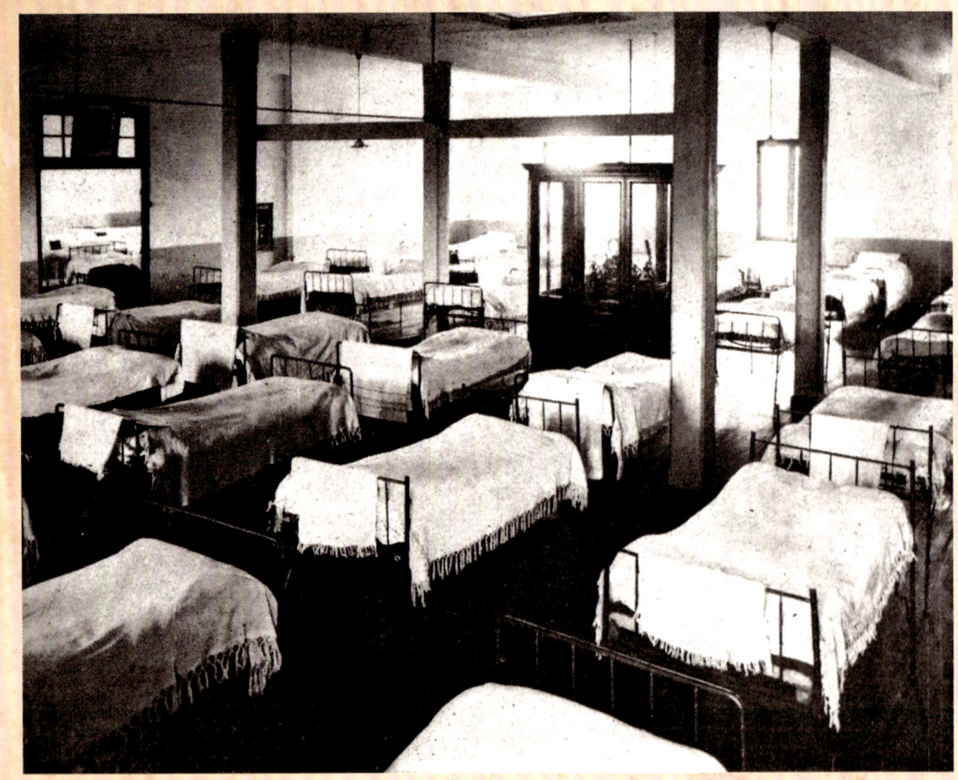

学生寝室

教学楼内的走廊

厨房与餐厅

科学实验室和实验设备

实物现珍藏于校史陈列室。

无线电站

学生正在做化学实验

圣芳济初中外国学生

圣芳济高中外国学生

圣芳济初中中国学生

圣芳济高中中国学生

迁入虹口新校舍后的圣芳济学子们

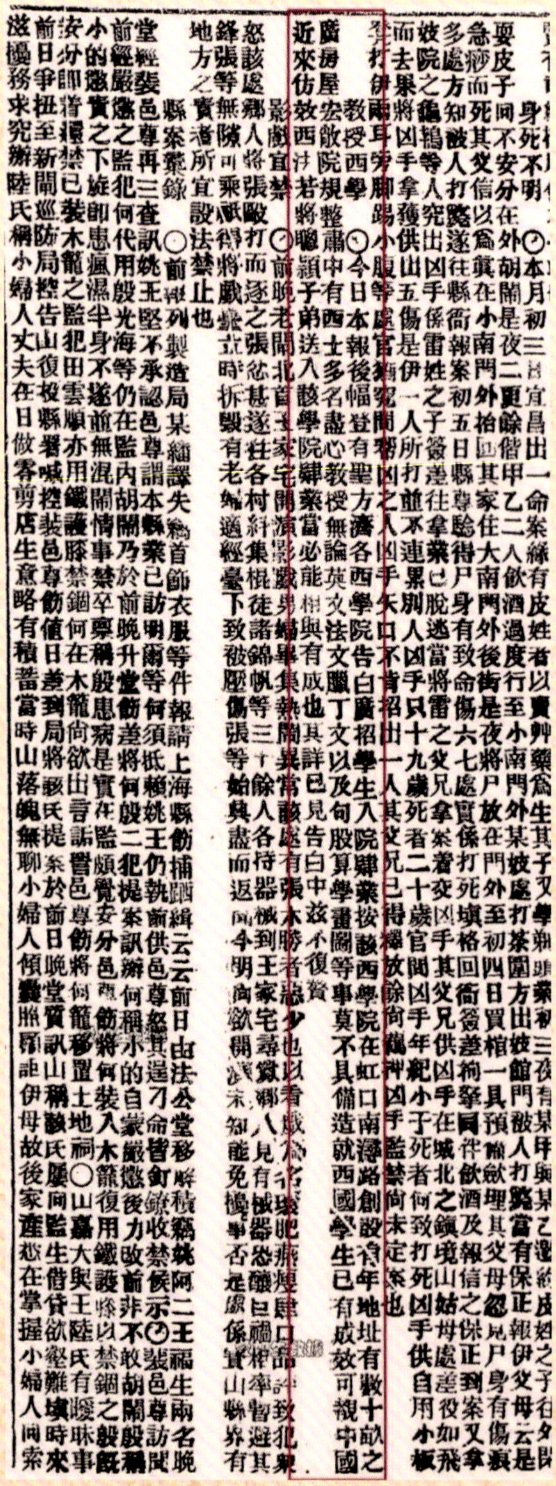

教授西學◎今日本報後幅登有聖方濟各西學院告白廣招學生入院肄業按該西學院在虹口南潯路創設多年地址有數十畝之廣房屋宏敞院規整肅中有西士多名盡心教授無論英文法文臘丁文以及句股算學畫圖等事莫不具備造就西國學生已有成效可觀中國近來仿效西法若將聰穎子弟送入該學院肄業當必能相與有成也其詳已見告白中茲不復贅

1888年8月26日，《申报》刊登题为“教授西学”的圣芳济学院招生启事。

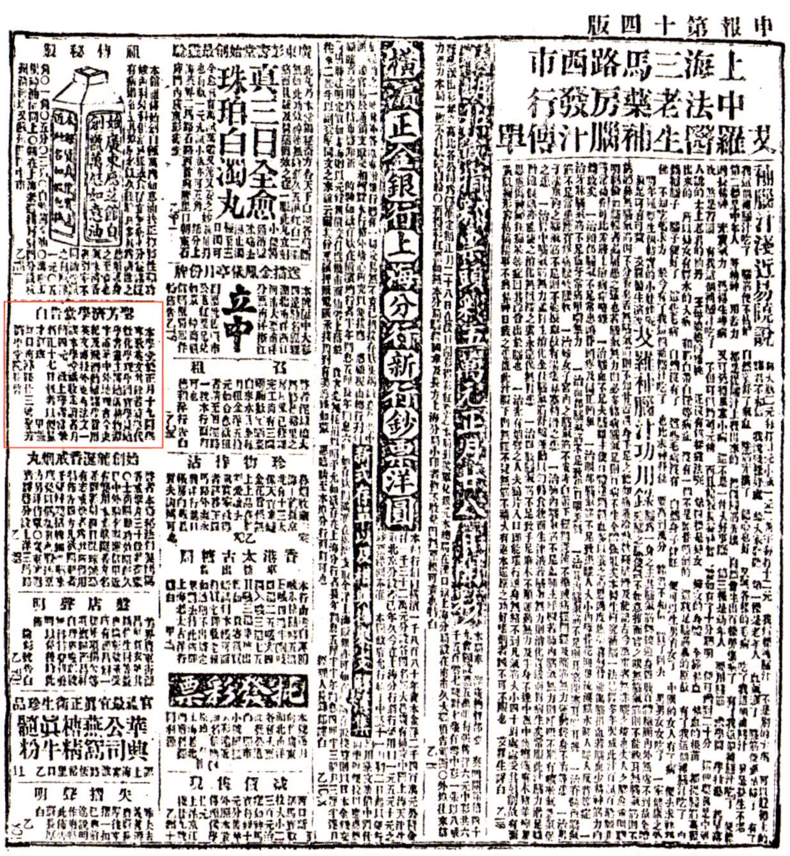

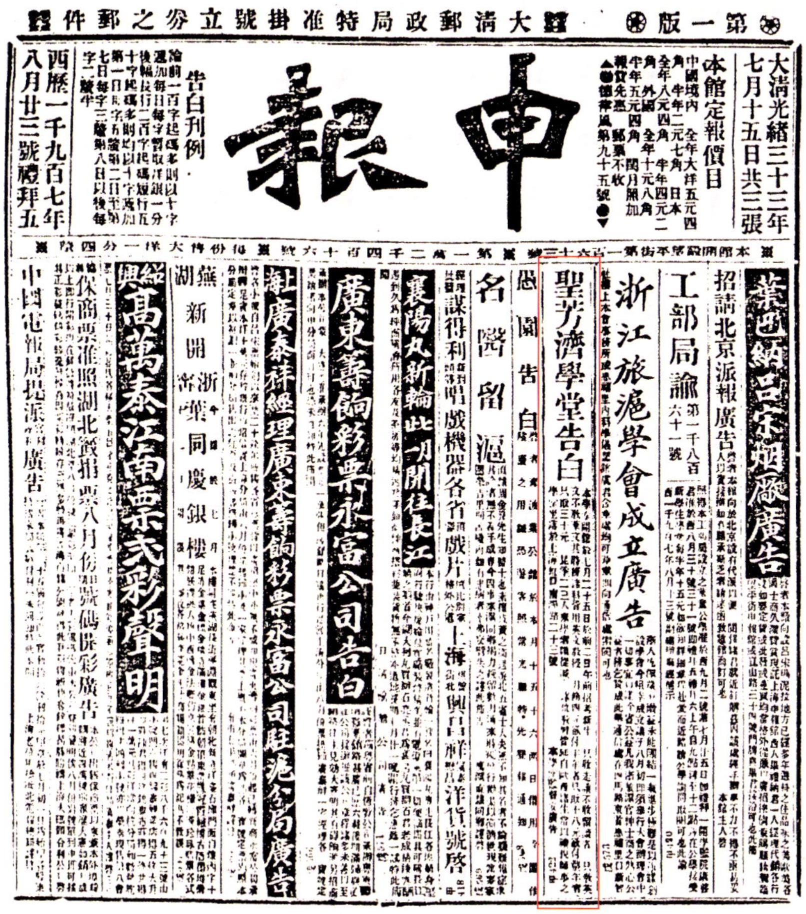

20 世纪初，圣芳济学院在《申报》上刊登招生广告。

巴斯道，1906 年来华，在上海圣芳济学院华人部任教。1911 年起任华人部校长，采用西方近代模式进行学校管理。

圣芳济教学用书，实物现珍藏于校史陈列室。

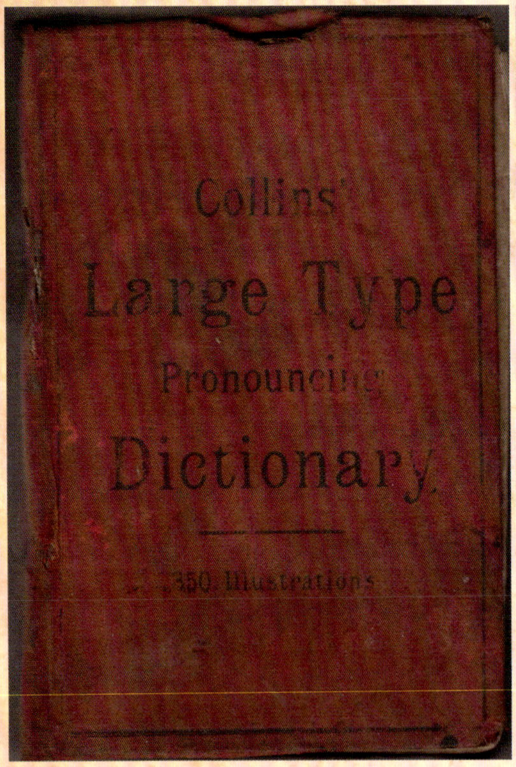

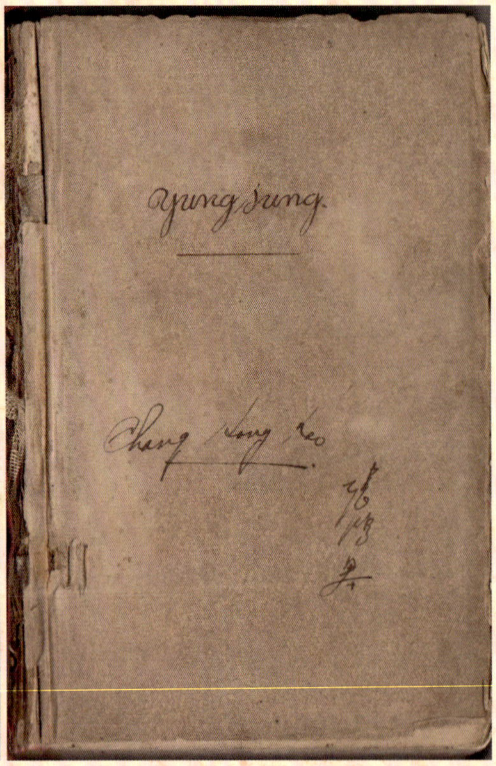

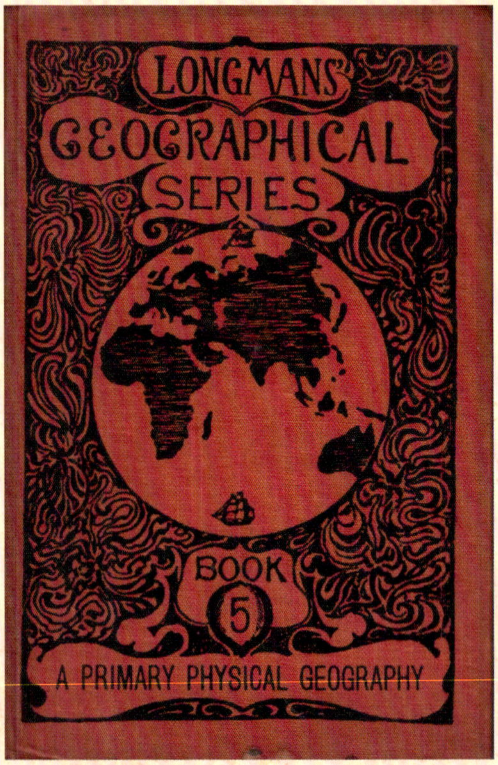

《柯林斯大词典》

《朗曼地理序列》

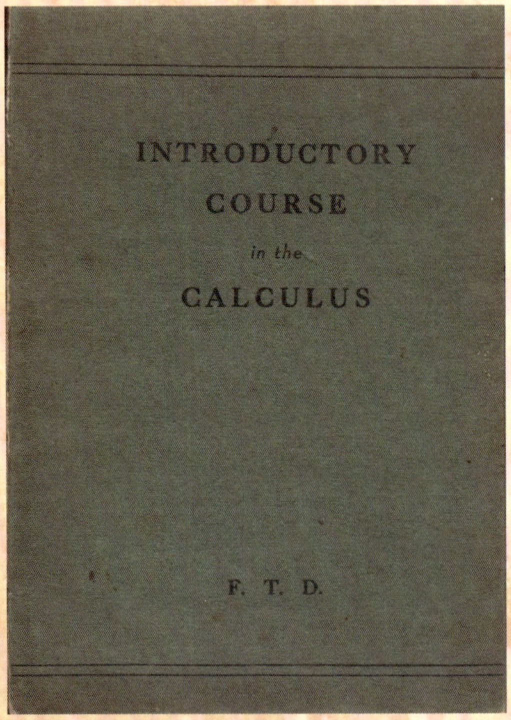

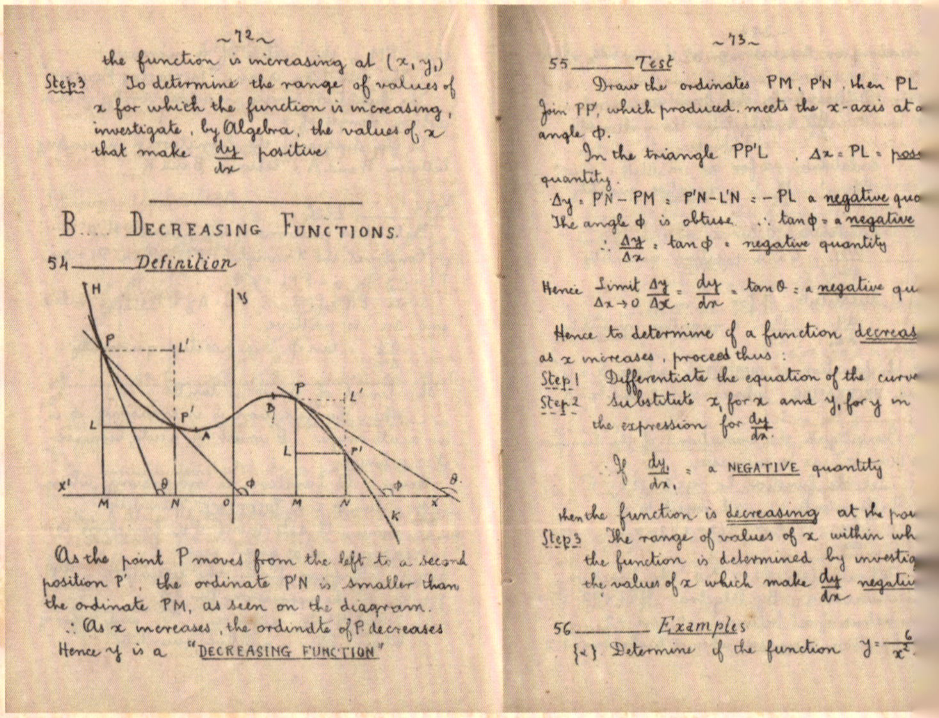

~72~

the function is increasing at (x_1, y_1)

Step 3 To determine the range of values of x for which the function is increasing, investigate, by Algebra, the values of x that make $\frac{dy}{dx}$ positive

B.... DECREASING FUNCTIONS.

54 —— *Definition*

As the point P moves from the left to a second position P′, the ordinate P′N is smaller than the ordinate PM, as seen on the diagram.

∴ As x increases, the ordinate of P decreases

Hence y is a "DECREASING FUNCTION"

~73~

55 —— *Test*

Draw the ordinates PM, P′N, then PL

Join PP′, which produced, meets the x-axis at a

angle ϕ.

In the triangle PP′L, Δx = PL = pos

quantity.

Δy = P′N − PM = P′N − L′N = − PL a negative qua

The angle ϕ is obtuse ∴ $\tan\phi$ = a negative

∴ $\frac{\Delta y}{\Delta x} = \tan\phi$ = negative quantity

Hence $\lim_{\Delta x \to 0} \frac{\Delta y}{\Delta x} = \frac{dy}{dx} = \tan\theta$ = a negative qu

Hence to determine if a function decreas

as x increases, proceed thus:

Step 1 Differentiate the equation of the curve

Step 2 Substitute x_1 for x and y_1 for y in the expression for $\frac{dy}{dx}$.

∴ If $\frac{dy_1}{dx_1}$ = a NEGATIVE quantity

then the function is decreasing at the poi

Step 3 The range of values of x within wh

the function is determined by investig

the values of x which make $\frac{dy}{dx}$ negativ

56 —— *Examples*

(a) Determine if the function $y = \frac{6}{x^2}$

《微积分入门课程》

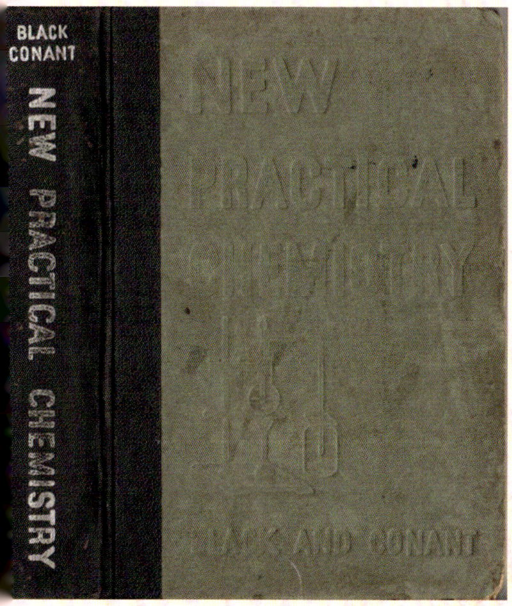

《新型实验化学》

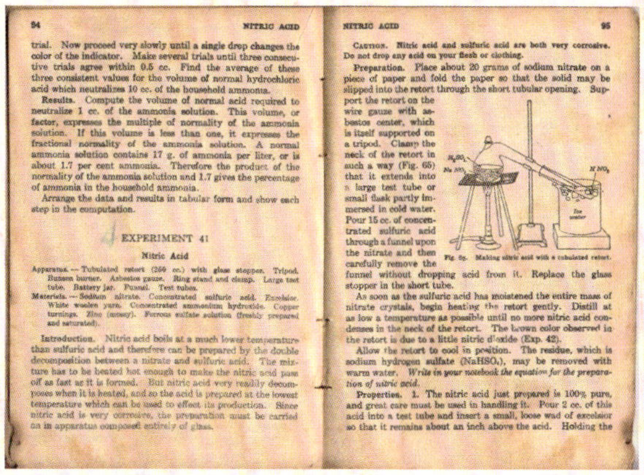

《新实验室操作实践》

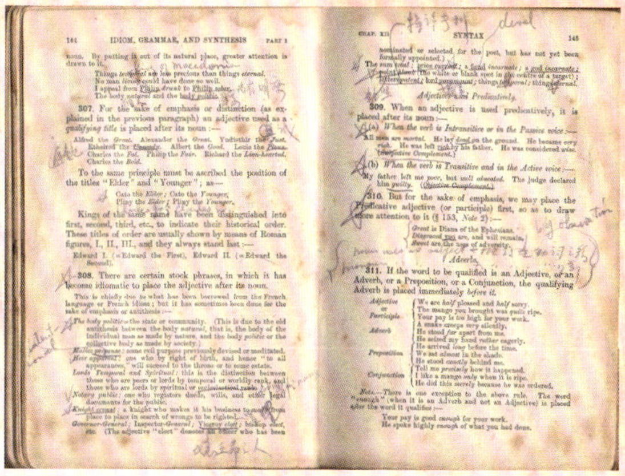

《英语作文口语写作》

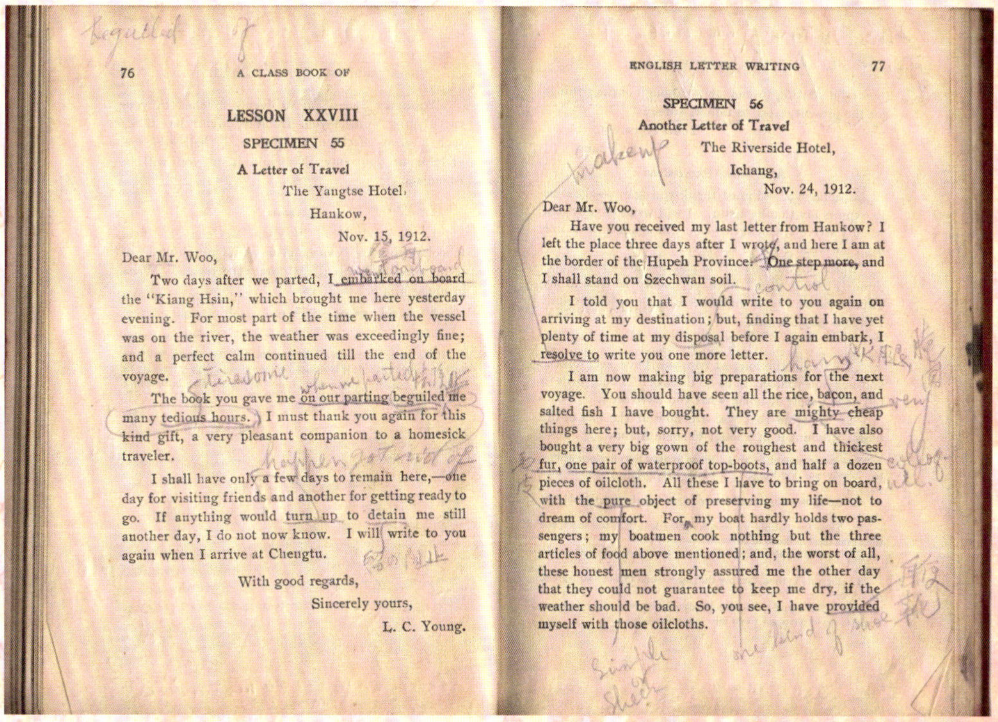

76 A CLASS BOOK OF

LESSON XXVIII

SPECIMEN 55

A Letter of Travel

The Yangtse Hotel,
Hankow,
Nov. 15, 1912.

Dear Mr. Woo,

Two days after we parted, I embarked on board the "Kiang Hsin," which brought me here yesterday evening. For most part of the time when the vessel was on the river, the weather was exceedingly fine; and a perfect calm continued till the end of the voyage.

The book you gave me on our parting beguiled me many tedious hours. I must thank you again for this kind gift, a very pleasant companion to a homesick traveler.

I shall have only a few days to remain here,—one day for visiting friends and another for getting ready to go. If anything would turn up to detain me still another day, I do not now know. I will write to you again when I arrive at Chengtu.

With good regards,
Sincerely yours,
L. C. Young.

ENGLISH LETTER WRITING 77

SPECIMEN 56

Another Letter of Travel

The Riverside Hotel,
Ichang,
Nov. 24, 1912.

Dear Mr. Woo,

Have you received my last letter from Hankow? I left the place three days after I wrote, and here I am at the border of the Hupeh Province. One step more, and I shall stand on Szechwan soil.

I told you that I would write to you again on arriving at my destination; but, finding that I have yet plenty of time at my disposal before I again embark, I resolve to write you one more letter.

I am now making big preparations for the next voyage. You should have seen all the rice, bacon, and salted fish I have bought. They are mighty cheap things here; but, sorry, not very good. I have also bought a very big gown of the roughest and thickest fur, one pair of waterproof top-boots, and half a dozen pieces of oilcloth. All these I have to bring on board, with the pure object of preserving my life—not to dream of comfort. For my boat hardly holds two passengers; my boatmen cook nothing but the three articles of food above mentioned; and, the worst of all, these honest men strongly assured me the other day that they could not guarantee to keep me dry, if the weather should be bad. So, you see, I have provided myself with those oilcloths.

《英文尺牍教科书》

The principal sculpture is the exhibition monument, at the head of the Cascades. It is seventy feet in height and stands on a pedestal twenty feet high. About the base of the pedestal are three seated female figures symbolical of the Northland, the South Seas and the Orient. The column is of Corinthian design and carries a globe showing the signs of the zodiac. Surmounting this globe is a huge American Eagle. The animal groups about the Geyser Basin are an elk, bear, timber wolf and cougar, all representative of the Northland. Ornamental vases, carrying the official emblem of the exposition in staff, circle the entire central court around the Cascades and the Geyser Basin and in front of several of the larger buildings. These vases will contain many varieties of flowers and the pergolas about the front of the buildings will be completely covered with climbing roses. The electroliers on the grounds are of French renaissance design. The decorative light standards provide for a large sphere of light each containing sixty thirty-candle power lights.

CAMBRIDGE LOCAL EXAMINATIONS.

DECEMBER EXAMINATION 1908.

The following is the List of successful Candidates at the last Cambridge Local Examination held in December 1908.

Seniors, Boys.—S. Shainin* Public School.

Juniors, Boys.—(under 16): P. de la Cruz, St. Francis Xavier's School; Chu Chang-Ling, Public School for Chinese; P. Dixon, St. Francis Xavier's School; Yu Jung-Po, Public School for Chinese; (over 16): A. E. Copp. China Inland School Chefoo; Fei Chia-Lu, Hsu Yen-Fang and Shou Pin, Public School, for Chinese; J. Yoshida, St. Francis Xavier's School.

Juniors, Girls.—(over 16): Ts Vang Tsen, Morning Star School, Siccawei.

Preliminary, Boys.—(under 14): F. Aquiar and J. Remedios, St. Francis Xavier's School; N. Moosa and A. Sopher, Shanghai Public School; H. Ramsey, St. Francis Xavier's School; R. Robb, Shanghai Public School.

Preliminary, Boys.—(between 14-16): G. Lubeck, St. Francis Xavier's School; P. C. Mansfield, A. D. R. Roza and J. Stellingworth, Shanghai Public School; M. Tsang and John Woo, St. Francis Xavier's School.

Preliminary, Girls.—(under 14): Miss C. Mooney, Miss E. Remedios; (between 14-16): Miss N. Grant, Miss D. Madar, Miss M. Solomon, Miss R. Sopher, Miss D. P. Terrill, Miss C. G. Wanstall, Shanghai Public School; Miss M. Wilkins, Thos. Hanbury School.

* Distinguished in Shorthand.

LAW REPORTS.

H. M. SUPREME COURT.

Shanghai, March 13.

Before F. S. A. BOURNE, Esq., Acting Judge.

THE LI YUE BANK v. THE CHINA IMPORT AND EXPORT LUMBER CO., LD.

Plaintiffs' claim is for money payable by the defendant company to the plaintiffs for money lent by the plaintiffs to the defendants and for money paid by the plaintiffs for the defendant company as bankers and agents for the defendant company at its request, and for interest upon money due from the defendant company to the plaintiffs and foreborne at interest by the plaintiffs to the defendant company at its request, and for interest at current native bank rates until the date of payment of the amount due.

Mr. L. E. P. Jones and Mr. B. Walker appeared for the plaintiffs, and Mr. R. N. Macleod represented the defendants.

The hearing of this case was resumed.

The plaintiffs' accountant gave evidence. He stated that at the end of the 32nd year there was a debit balance against the defendant company of Tls. 20,000, made up of two sums of Tl . 5,000, and one of Tls. 10,000. He could identify Tls. 5,000 of this amount in the current account. Other amounts were loaned in the 12th moon of that year, but witness was not sure whether this was intended to be the same money.

Cross-examined—There was nothing to distinguish the latter loan from the loans of Tls. 5,000.

The manager of the Hong Yue bank then gave evidence in regard to an account with a company registered in Manila. A man named Petersen was the manager of and only foreigner connected with the company.

Ching Tsin-san gave evidence of having been employed in the Lee Yue Bank, and the defendant company. After he had been working with defendants for a year he went to open an account with the plaintiff bank. Sun Ting-hua asked whether he could recommend a bank and Mr. Snethlage also asked him. He saw the bank manager and later on received a pass book. The first order witness asked for was for Tls. 3,000, which he handed to Mr. Stewart, a clerk in the defendant company. When witness first went to the company Wu was only a salesman. Mr. Seitz did not tell him during the 30th year to have the Li Yue account closed. Witness remembered Sun telling the company that he was not going to have anything to do with native bank accounts, because Wu had misappropriated a large sum of money.

The court adjourned until Monday.

March 15.

Plaintiff's claim is for money payable by the defendant company to the plaintiffs for money lent by the plaintiffs to the defendants and for money paid by the plaintiffs for the defendant company as bankers and agents for the defendant company at its request, and for interest upon money due from the defendant company to the plaintiffs and foreborne at interest by the plaintiffs to the defendant company at its request, and for interest at current native bank rates until the date of payment of the amount due.

Mr. L. E. P. Jones and Mr. B. Walker appeared for the plaintiffs, and Mr. R. N. Macleod represented the defendants.

The hearing of this case was resumed.

Ching Tsin-san, in reply to Mr. Jones said that after the death of Mr. Snethlage, Mr. Seitz said the business would go on as before. When Mr. Wu Li-ching died Mr. Seitz told witness to collect accounts for lumber which had been sold. Later it was suggested that witness should become compradore and he said that he would when the late compradore's accounts were squared up. Mr. Seitz said that if witness accepted the compradoreship he would give him Tls. 52,000 to meet the Company's liabilities to the banks. Mr. Seitz gave witness the paper produced which showed how this Tls. 52,000 was to be made up. Witness was to go into partnership with Li Chong and they were to be the compradores. The agreement was not concluded as the company wanted Li Chong to collect old accounts and he would not do it. Witness showed the bank the paper given to him by Mr. Seitz so that the bank might see that the company would pay Tls. 52,000. This was in the 33rd year. Witness told the bank that the company would pay in the twelfth moon and he told Mr Seitz that it must be paid in the twelfth moon. Mr. Seitz said that the Lumber Co. would not pay until the amounts had been collected for lumber sold in Wu Liching's time. After Wu's death witness drew up the statement produced from Wu's Chinese books.

Cross-examined—Li Chong recommended witness to the Lumber Co. and gave a verbal guarantee for him. Witness joined the Lumber Co.'s staff in the 29th year and he was paid by the compradore out of the allowance made to him by the Company. Counsel took witness through certain account books and questioned him as to the use by the late compradore of the Company's chops.

The Court adjourned until 2.15 p.m.

On resuming Mr. Macleod continued his cross-examination. Witness stated that a promissory note (produced) was returned by the Bank because Wu had erroneously put his own chop on it.

Joseph E. Bingham, accountant, said that acting under instructions from the plaintiffs he made a general investigation of all the books with the exception of the Share Register. He ascertained by his examination that there had been dealings with several

自1905年起，圣芳济学院每年派学生赴英国参加剑桥大学公开考试，而且一直保持较高录取率，在近代中国教育界声名鹊起。图为《北华捷报》刊登的1908年剑桥大学考试入选名单，其中就有圣芳济学子

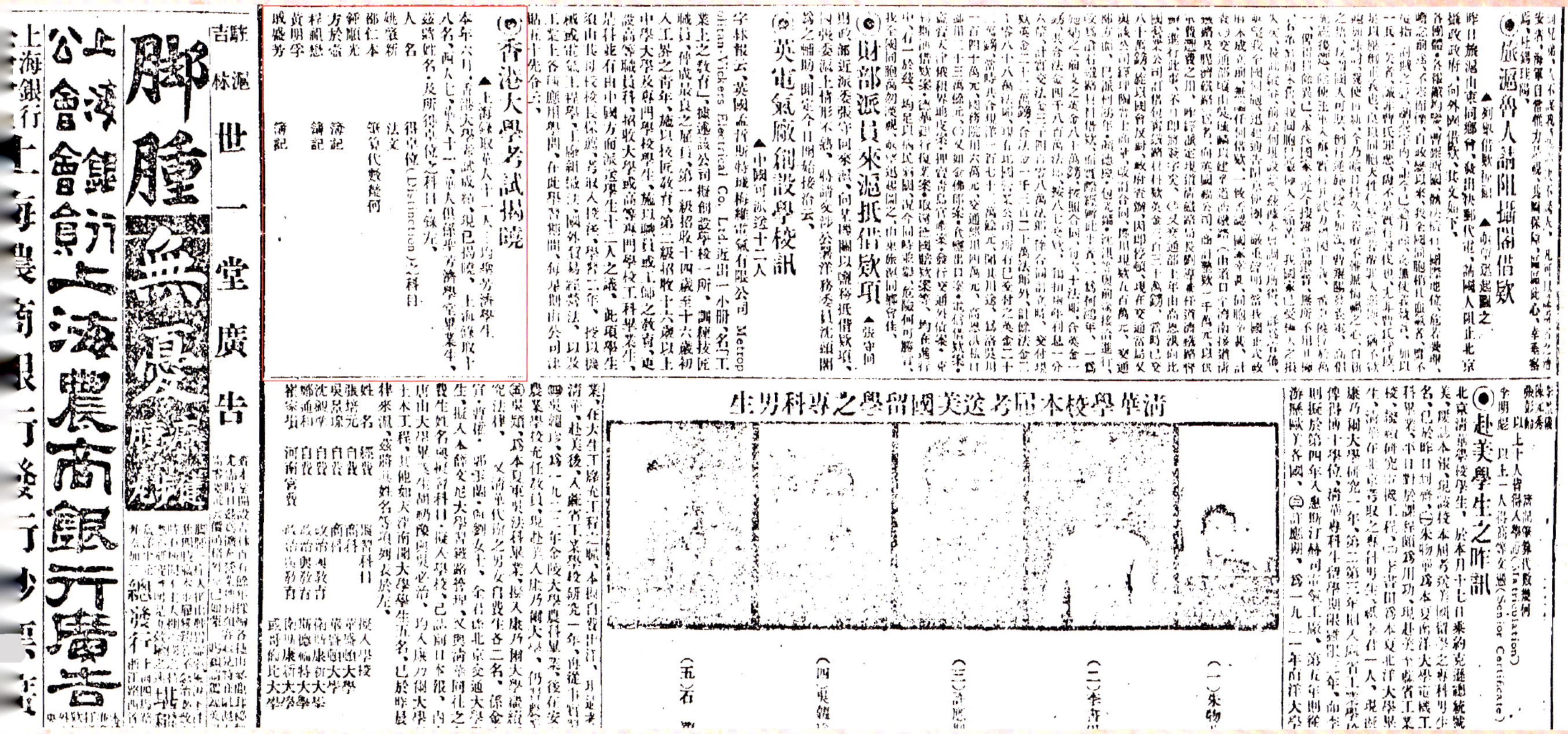

(四)香港大學考試揭曉

▲上海錄取華人十一人、均聖芳濟學生

本年六月、香港大學考試成績、現已揭曉、上海錄取十八名、西人七、華人十一、華人俱係聖芳濟學堂畢業生、茲將姓名、及所得卓位之科目、錄左、

人名	得卓位(Distinction)之科目
姚賢新	法文
鄒仁本	算學代數幾何
鍾順光	
方於嵩	簿記
程福懋	簿記
黃明學	
戚盛芳	簿記

清華學校本屆考送美國留學之專科男生

旅滬魯人請阻墊閻借欵

財部派員來滬抵借欵項

英電氣廠創設學校訊

赴美學生之昨訊

1923年8月10日《申报》刊登了香港大学入学考试的成绩信息，上海地区被录取的华人有11人，均为圣芳济学院学生。

第三节　乐育英才

作为一所依照西方近代模式进行严格教育和训练的教会学校，圣芳济学院的教学始终体现着交融开放的理念，不仅开设英文、法文、拉丁文、数学等实用科目，高年级还教授哲学、希腊文等课程，中文一直被列为重要的选修科目。此外，学校还组建了技艺出众的管乐队和足球队，极大地丰富了学生的校园生活，开阔了学生的眼界，促进了学生的全面发展。各种教育流派、教育理念和教学方法在此荟萃融合，科学、文化、艺术、体育诸学科并重，百花齐放，不仅引领风气之先，更是影响和改变了传统的教育模式。

也正因为如此，圣芳济才得以开始她的辉煌——近代中国教育摆脱被动的态势，开始了走向主动的征程。

圣芳济学院办学采取精英教育制度，办学质量高，学生不仅拥有较高的艺术、科学素养，还有较高的身体素质，所以民国时期的圣芳济学院成为上海滩赫赫有名的学校之一。图为圣芳济健儿在绿茵场上的风采

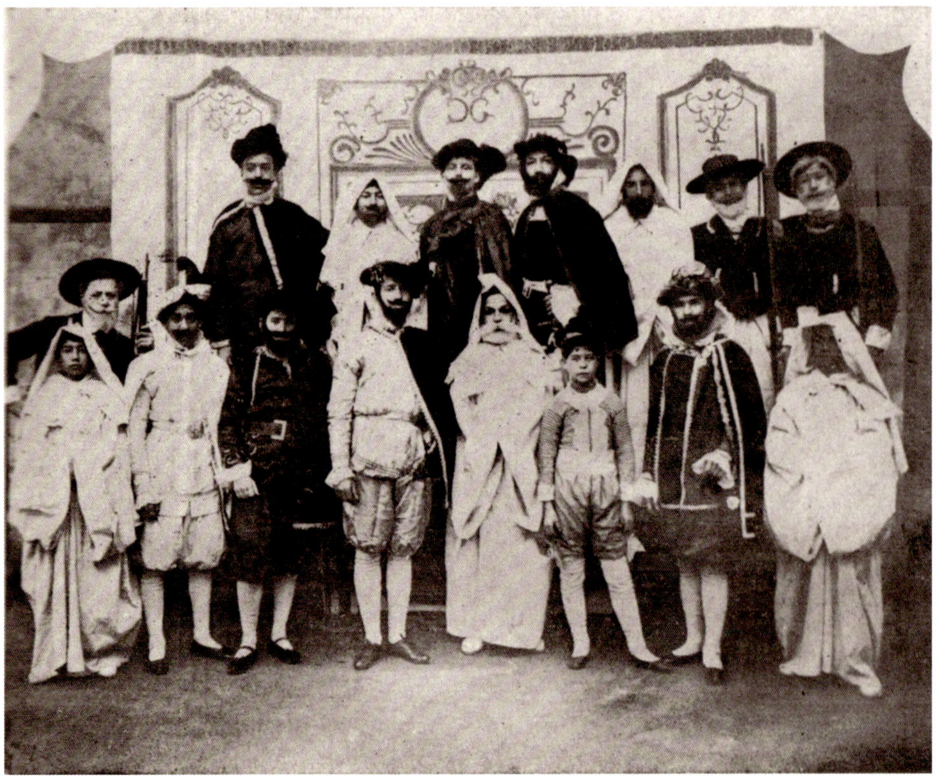

1879 年，学校在工部局会议厅组织学生演剧《美国之基督徒》，翌日各报竞相登载，极力赞许。学校的艺术和体育特色自此萌芽。

1884 年的学校管乐队

1908 年 12 月 8 日，《申报》刊登题为“圣芳济学生体育进步之一斑”的通讯消息。

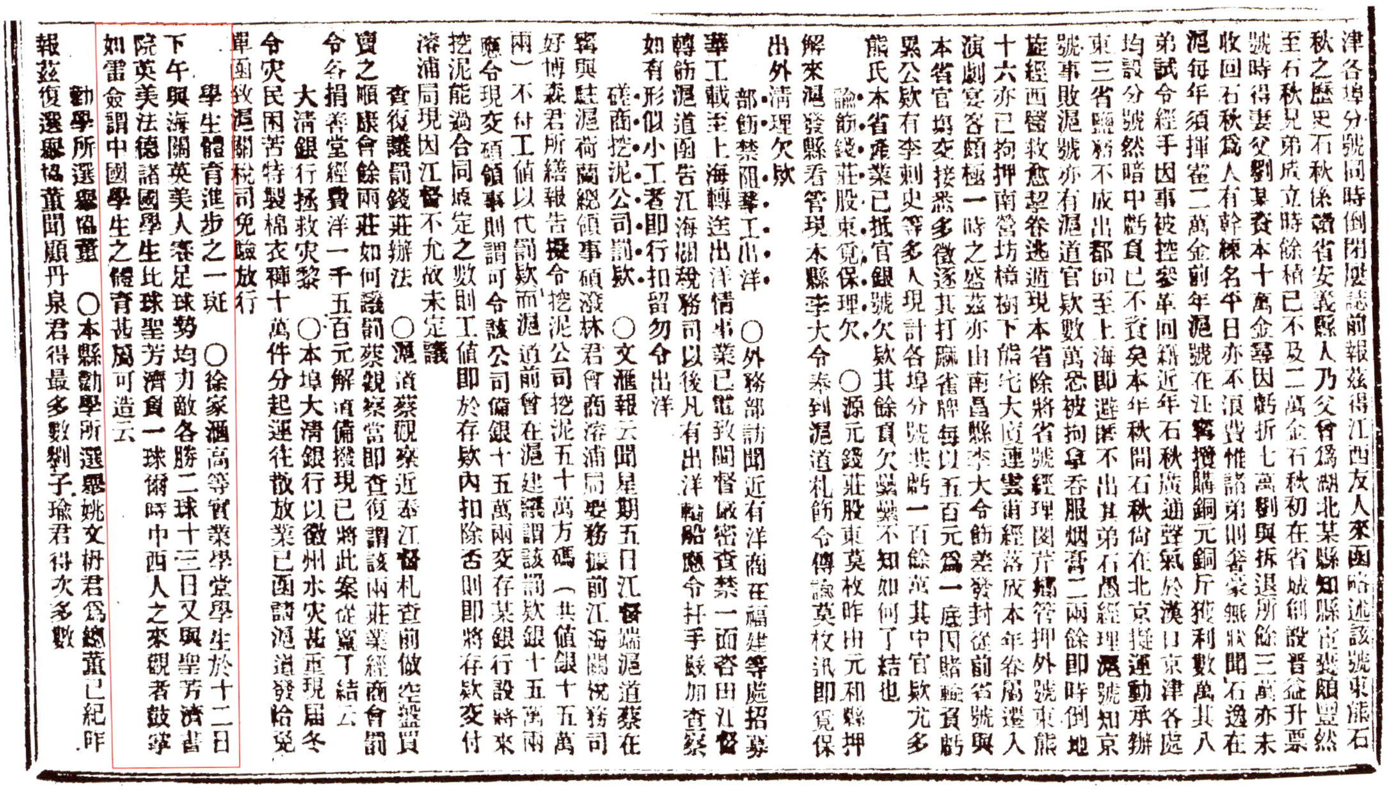

津各埠分號同時倒閉歷誌前報茲得江西友人來函略述該號東熊石秋之歷史石秋係贛省安義縣人乃父曾爲湖北某縣知縣宦囊頗豐然至石秋兄弟成立時餘積已不及二萬金石秋初在省城創設晉益升票號時得妻父劉某資本十萬金尋因虧折七萬劉與拆退所餘三萬亦未收回石秋爲人有幹練名平日亦不浪費惟諸弟則奢豪無狀聞石逸在滬每年須揮霍二萬金前年滬號在江寧攬購銅元銅斤獲利數萬其八弟試令經手因事被控參革回籍近年石秋廣通聲氣於漢口京津各處均設分號然暗中虧負已不貲矣本年秋間石秋尚在北京提運動承辦東三省鹽務不成出都回至上海即避匿不出其弟石愚經理滬號知京號事敗滬號亦有滬道官款數萬恐被拘拏吞服烟膏二兩餘即時倒地旋經西醫救愈挈眷逃遁現本省除將省號經理閔芹購管押外號東熊十六亦已拘押南營坊榜樹下熊宅大廈連甍街經落成本年眷屬遷入演劇宴客頗極一時之盛茲亦由南昌縣李大令飭差發封從前省號與本省官場交接甚多徵逐其打麻雀牌每以五百元爲一底因賭輸負虧累公款有李刺史等多人現計各埠分號共虧一百餘萬其中官款尤多熊氏本省產業已抵官銀號欠款其餘負欠纍纍不知如何了結也

論飭錢莊股東覓保理欠　○源元錢莊股東莫枚昨由元和縣押解來滬發縣看管現本縣李大令奉到滬道札飭令傳諭莫枚迅即覓保出外清理欠款

部飭禁阻華工出洋　○外務部訪聞近有洋商在福建等處招募華工載至上海轉送出洋情事業已電致閩督嚴密查禁一面咨田江督轉飭滬道函告江海關稅務司以後凡有出洋輪船應令扦手嚴加查察如有形似小工者即行扣留勿令出洋

礮商挖泥公司罰款　○文滙報云聞星期五日江督端滬道蔡在寧與駐滬荷蘭總領事碩潑林君會商濬浦局要務據前江海關稅務司好博森君所繕報告擬令挖泥公司挖泥五十萬方碼（共值銀十五萬兩）不付工値以代罰款而滬道前曾在滬建議謂該罰款銀十五萬兩應令現交碩領事則謂可令該公司備銀十五萬兩交存某銀行設將來挖泥能過合同原定之數則工値即於存款內扣除否則即將存款交付濬浦局現因江督不允故未定議

查復議罰錢莊辦法　○滬道蔡觀察近奉江督札查前做空盤買賣之順康會餘兩莊如何議罰蔡觀察當即查復謂該兩莊業經商會罰令各捐善堂經費洋一千五百元解道備撥現已將此案從寬了結云

大清銀行拯救災黎　○本埠大清銀行以徽州水災甚重現屆冬令災民困苦特製棉衣褲十萬件分起運往散放業已函請滬道發給免單函致滬關稅司免驗放行

學生體育進步之一斑　○徐家滙高等實業學堂學生於十二日下午與海關英美人賽足球勢均力敵各勝二球十三日又與聖芳濟書院英美法德諸國學生比球聖芳濟負一球爾時中西人之來觀者鼓掌如雷僉謂中國學生之體育甚爲可造云

勸學所選舉協董　○本縣勸學所選舉姚文枬君爲總董已紀昨報茲復選舉協董聞顧丹泉君得最多數劉子瑜君得次多數

操场上的体育课

圣芳济学院举行师生运动大会

自行车慢速比赛和拔河比赛

跨栏比赛

百米冲刺

清末民初之际的圣芳济高中足球队

1930 年圣芳济足球队合影及其获得的奖杯

20 世纪 30 年代的圣芳济足球队

1934 年，学校网球队荣获冠军后合影。

学生表演京剧《大闹高家店》

学生表演校剧《意外祸福》

一组学生戏剧活动

第四节　蜚声海内

培养中华民族之元气，乃兴国之根本；为孩子幸福人生奠基，乃为政之先务。

圣芳济学院地处虹口北外滩，毗邻黄浦江和苏州河，有着深厚的文化底蕴。迁址之后，因设施先进，名师云集，融汇中西，教学相长，学校很快呈现出蒸蒸日上的发展气象。1922 年，圣芳济曾有筹备扩建分校的动议，得到了社会各界的广泛支持。1934 年，圣芳济建校 60 周年之际，学校已跻身中国一流名校之列，形成了教学严谨、因材施教的教风，以及勤奋自觉、善于思考的学风。学校隆重举行了建校 60 周年大庆，时任上海市市长的吴铁城亲自到校参加盛典，各界名流纷纷题词祝贺，场面盛况空前。

圣芳济学院地处北外滩，毗邻外白渡桥。20 世纪 30 年代，学校所处的虹口地区城市建筑风貌已经显示了区域文化的底蕴深厚。

早期圣芳济教职工合影

1923年的《圣芳济学堂章程》，对求读、入学、所学课程、规章制度等做了具体介绍。

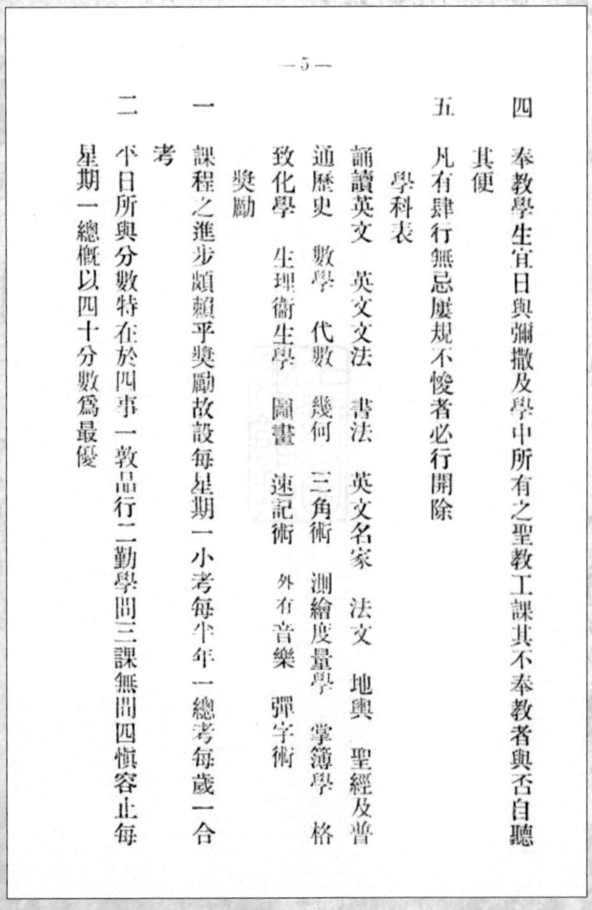

—5—

四　奉教學生宜日與彌撒及學中所有之聖教工課其不奉教者與否自聽其便

五　凡有肆行無忌屢規不悛者必行開除

學科表

誦讀英文　英文文法　書法　英文名家　法文　地輿　聖經及普通歷史　數學　代數　幾何　三角術　測繪度量學　掌簿學　格致化學　生理衛生學　圖畫　速記術　外有音樂　彈字術

獎勵

一　課程之進步頗賴乎獎勵故設每星期一小考每半年一總考每歲一合考

二　平日所與分數特在於四事一敦品行二勤學問三課無間四愼容止每星期一總概以四十分數爲最優

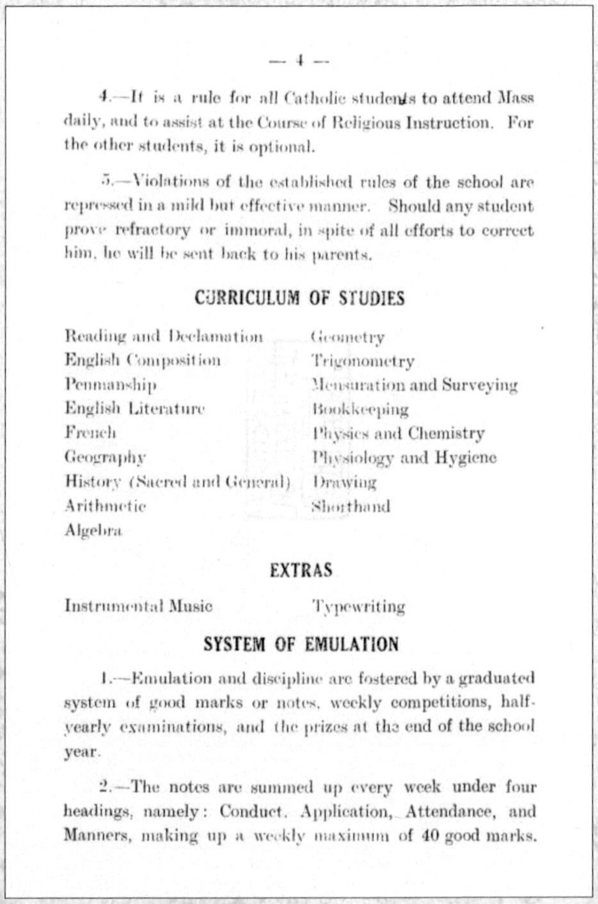

— 4 —

4.—It is a rule for all Catholic students to attend Mass daily, and to assist at the Course of Religious Instruction. For the other students, it is optional.

5.—Violations of the established rules of the school are repressed in a mild but effective manner. Should any student prove refractory or immoral, in spite of all efforts to correct him, he will be sent back to his parents.

CURRICULUM OF STUDIES

Reading and Declamation	Geometry
English Composition	Trigonometry
Penmanship	Mensuration and Surveying
English Literature	Bookkeeping
French	Physics and Chemistry
Geography	Physiology and Hygiene
History (Sacred and General)	Drawing
Arithmetic	Shorthand
Algebra	

EXTRAS

Instrumental Music	Typewriting

SYSTEM OF EMULATION

1.—Emulation and discipline are fostered by a graduated system of good marks or notes, weekly competitions, half-yearly examinations, and the prizes at the end of the school year.

2.—The notes are summed up every week under four headings, namely: Conduct, Application, Attendance, and Manners, making up a weekly maximum of 40 good marks.

圣芳济学院校歌

圣芳济学院校徽

圣芳济各时期学生合影

St. F. X. School 1st Communion Boys 28th of May 05

圣芳济各时期学生合影

20 世纪 20 年代，随着学校的发展，圣芳济筹划进一步扩充校舍。图为当时刊登在《申报》上的相关报道

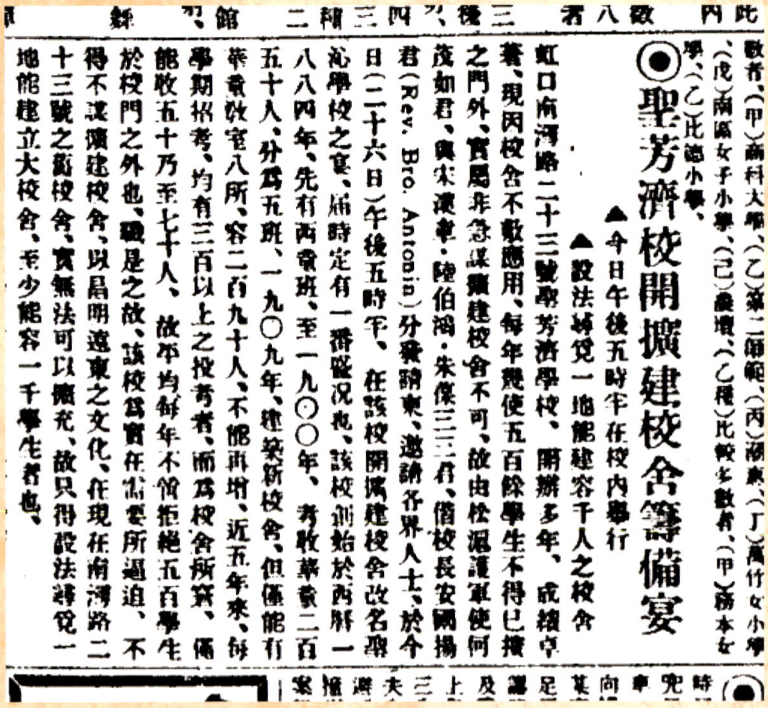
敎者、(甲)商科大學、(乙)第二師範、(丙)務本、(丁)萬竹女小學、(戊)南區女子小學、(己)蠶壇、(乙種)比較多數者、(甲)務本女學、(乙)比德小學、

聖芳濟校開擴建校舍籌備宴

▲今日午後五時半在校內舉行

▲設法尋覓一地能建容千人之校舍

虹口南潯路二十三號聖芳濟學校、開辦多年、成績卓著、現因校舍不敷應用、每年幾使五百餘學生不得已擯之門外、實屬非急謀擴建校舍不可、故由松滬護軍使何茂如君、與宋漢章・陸伯鴻・朱葆三三君、偕校長安爾揚君(Rev. Bro. Antonia)分發請柬、邀請各界人士、於今日(二十六日)午後五時半、在該校開擴建校舍改名聖沁學校之宴、屆時定有一番盛況也、該校創始於西曆一八八四年、先有西童班、至一九〇〇年、考收華童二百五十人、分爲五班、一九〇九年、建築新校舍、但僅能有華童教室八所、容二百九十人、不能再增、近五年來、每學期招考、均有三百以上之投考者、而爲校舍所窘、僅能收五十乃至七十人、故平均每年不能拒絕五百學生於校門之外也、職是之故、該校爲實在需要所逼迫、不得不謀擴建校舍、以昌明遠東之文化、在現在南潯路二十三號之舊校舍、實無法可以擴充、故只得設法尋覓一地能建立大校舍、至少能容一千學生者也、

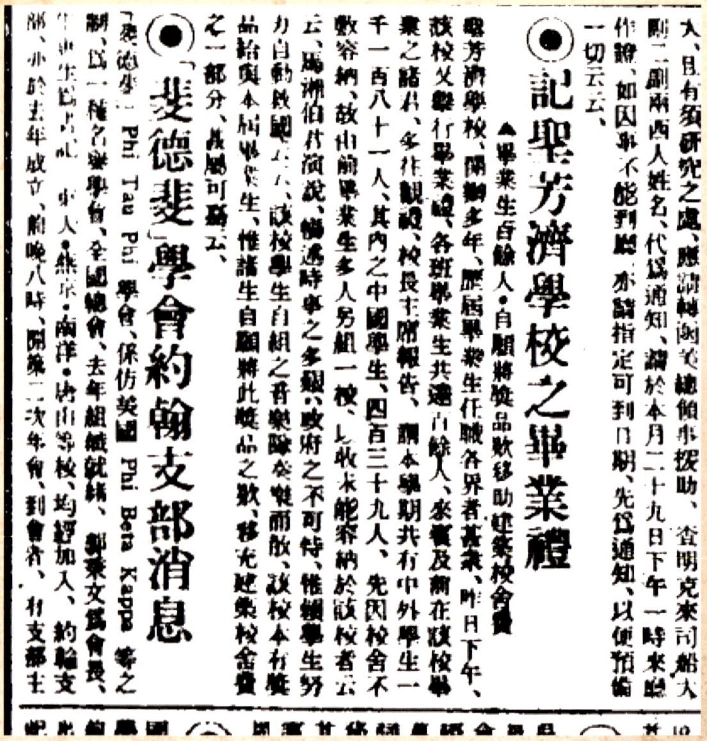
大、且有須研究之處、應請轉函美總領事援助、查明克來司船大副二副兩西人姓名、代爲通知、請於本月二十九日下午一時來廨作證、如因事不能到廨、亦請指定可到日期、先爲通知、以便預備一切云云、

記聖芳濟學校之畢業禮

▲畢業生百餘人・自願將獎品款移助建築校舍費

聖芳濟學校、開辦多年、歷屆畢業生任職各界者甚衆、昨日下午、該校又舉行畢業禮、各班畢業生共達百餘人、來賓及曾在該校畢業之諸君、多往觀禮、校長主席報告、謂本學期共有中外學生一千一百八十一人、其內之中國學生、四百三十九人、先因校舍不敷容納、故由前畢業生多人另組一校、以收未能容納於該校者云云、馮濟伯君演說、暢述時事之多艱、政府之不可恃、惟願學生努力自動救國云云、該校學生自組之音樂隊奏樂而散、該校本有獎品給與本屆畢業生、惟諸生自願將此獎品之款、移充建築校舍費之一部分、義屬可嘉云、

斐德斐學會約翰支部消息

「斐德斐」Phi Tau Phi 學會、係仿美國 Phi Beta Kappa 等之制、爲一種名譽學會、全國總會、去年組織就緒、鄒秉文爲會長、[illegible]中人・燕京・南洋・清華等校、均經加入、約翰支部、亦於去年成立、前晚八時、開第二次年會、到會者、有支部主

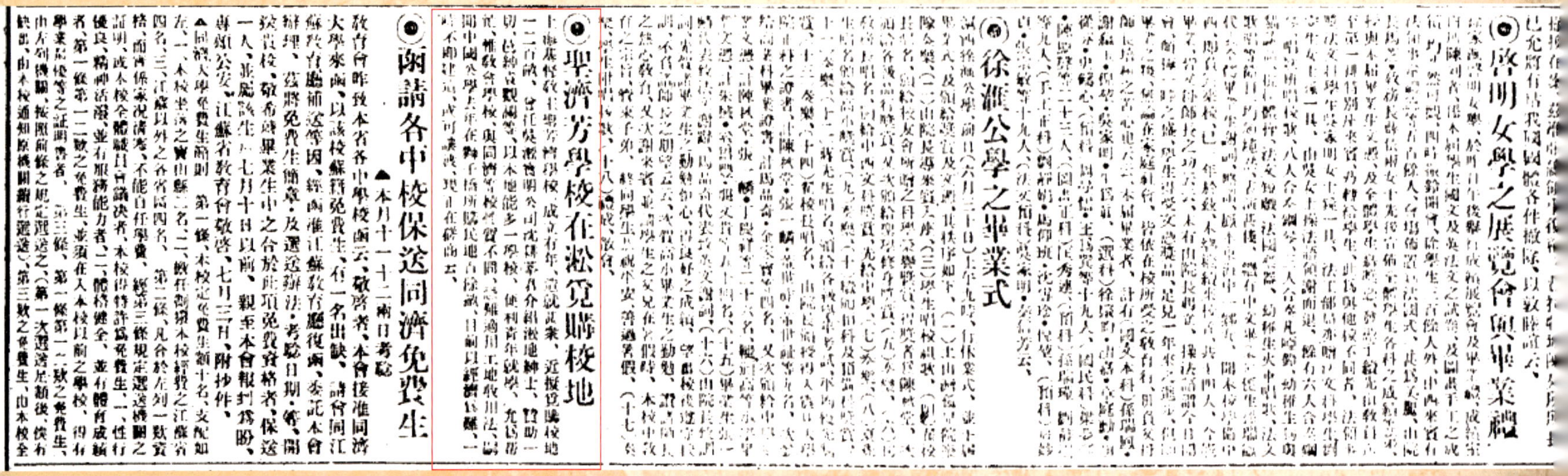
啓明女學之展覽會與畢業禮

徐滙公學之畢業式

聖濟芳學校在淞覓購校地

函請各中校保送同濟免費生

▲本月十一十二兩日考驗

1934 年，圣芳济迎来了 60 周年华诞。此时的学校已遐迩驰名，成为上海赫赫有名的学校之一。图为圣芳济 60 周年校庆盛况

1934 年校庆 60 周年之际，戏剧表演之国乐队全体成员合影。

礼堂内景

校庆活动组委会合影

校庆庆典纪念服务团合影

校庆庆典全体干事员合影

《圣芳济学院 60 周年纪念特刊》上的社会各界题词

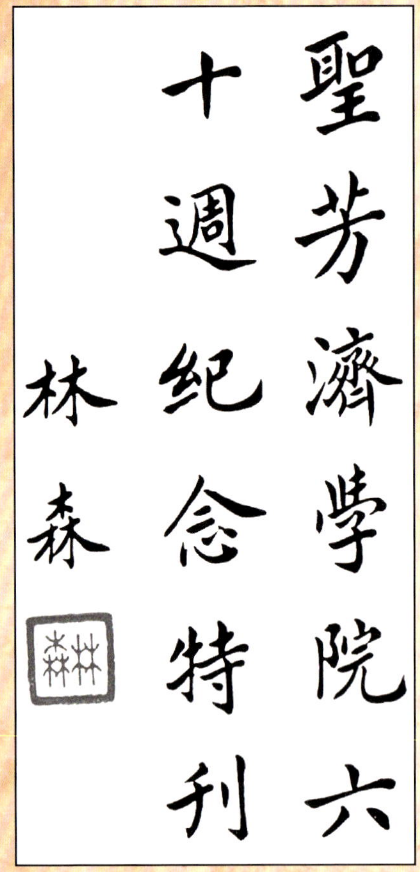

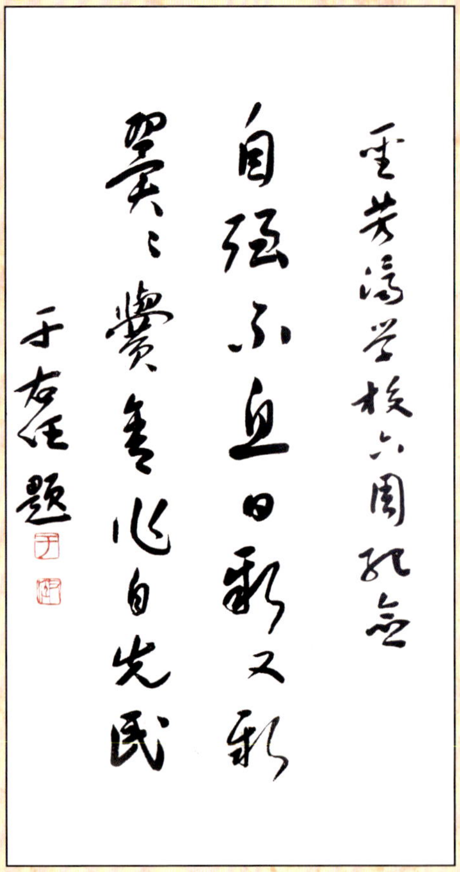

聖芳濟學校六周紀念
自強不息日新又新
于右任題

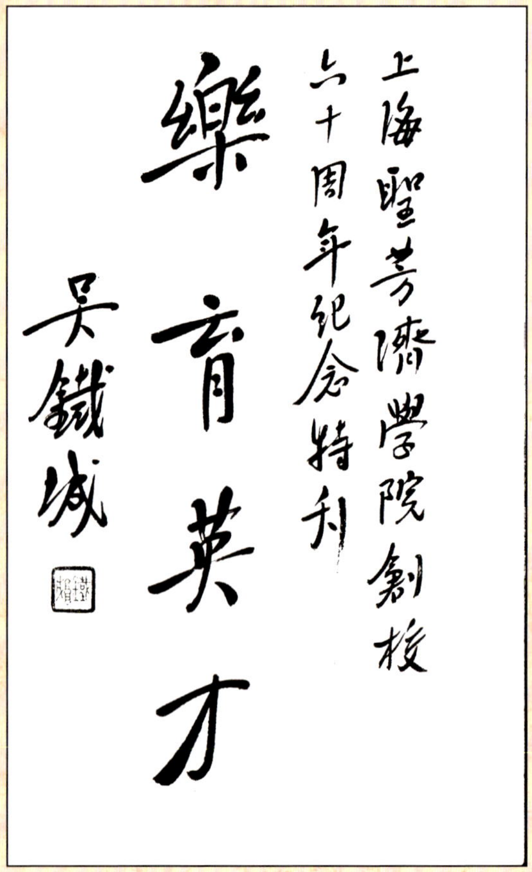

上海聖芳濟學院創校
六十周年紀念特刊
樂育英才
吳鐵城

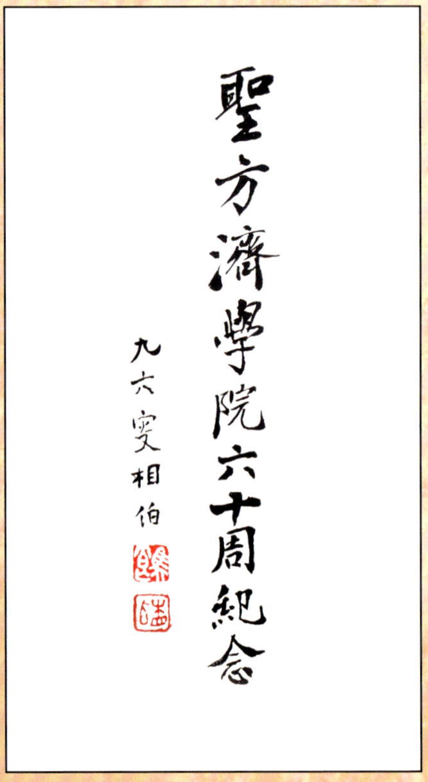

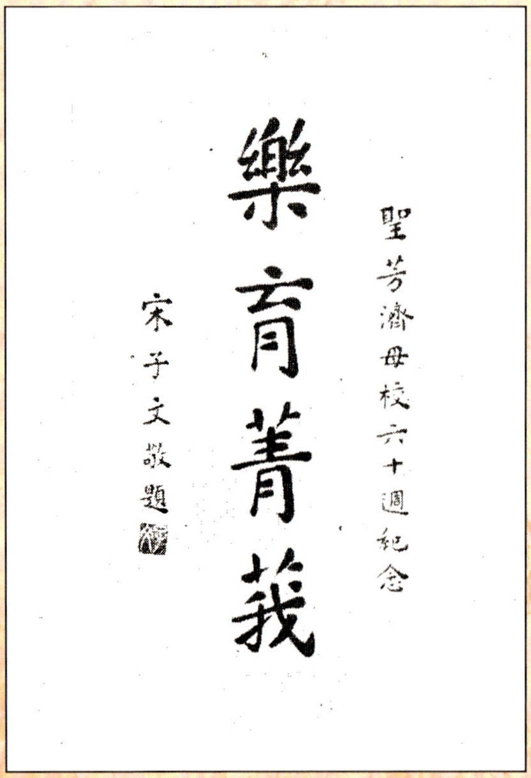

樂育菁莪
聖芳濟母校六十週紀念
宋子文敬題

溝通文化
聖芳濟學院六十周紀念
虞和德題

1934 年建校 60 周年之际圣芳济学生的绘画作品，表达了对学校未来的展望与期待。

第二章

名校的新生

历春秋兴教育，阅沧桑育英才。

1922 年，圣芳济学院筹备扩建分校。从那时起，学校便始终体现着近代中国知识精英教育救国的情怀和文化传承的情结。

1939 年，在校友的捐助下，圣芳济中国班迁往福熙路福熙坊新校舍，并向租界当局注册更名为上海市私立圣芳济中学。至此，圣芳济逐渐发展为虹口的北校和延安中路的南校。在时局动荡的年代，学校为办好教育而多方努力，其诚挚之心可见一斑。

选育英才，振兴中华。中华人民共和国成立后，中国教育进入了全新的历史发展阶段，接受教育成为人们庄严和神圣不可侵犯的权利，教育真正开始惠及千家万户。上海的各级各类教育也焕发了更加蓬勃的生机和活力，获得了突飞猛进的长足发展。上海市人民政府教育局针对中小学数量大、类型多、情况复杂等特点，执行“维持原有学校、逐步改善”“坚持改造、逐步实现”及“争取、团结、教育、改造知识分子”等方针政策，对公立、私立学校区别情况，分批接管接办、整顿改造。圣芳济中学总校和分校被上海市教育局派员接管后，于 1950 年更名为私立时代中学总校和分校，次年又改为私立时代中学南校与北校。1953 年 8 月 16 日，经上海市教育局批准，时代中学改为公办，并决定南校、北校分办，南校沿用“时代中学”校名，北校因地处虹口，改名为上海市北虹中学。学校逐步朝着中国现代化学校的方向发展。

昔日的圣芳济，融合中西文明之道，养成学生健全之人格；如今的北虹中学，敦勉学生脚踏实地，积跬步而行千里。一所历史悠久的学校，是一代又一代人继往开来、呕心沥血的结果。

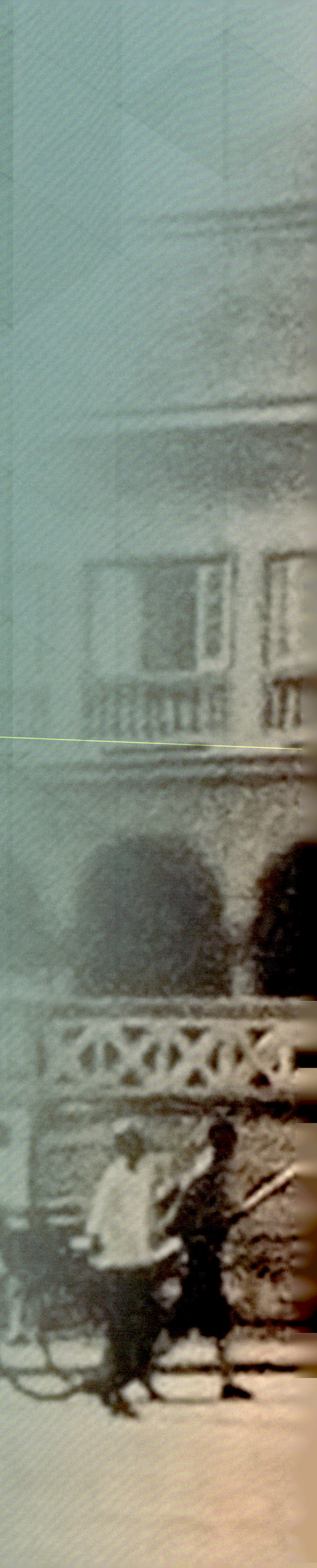

2

第一节　孤岛创校

艰难困苦，玉汝于成。早在 1922 年，圣芳济学院即有筹设分校的动议，并相应成立了由各界名流组成的“募捐运动委员会”。1934 年 60 周年校庆之后，学院再次谋求扩建。然而，学校发展的进程被日寇入侵的炮火打断了。全面抗战爆发后，圣芳济学院中国班迁出虹口，在静安寺路（今南京西路）和孟德兰路（今江阴路）租房数间，作为临时校舍继续上课，并逐渐发展成为上海市私立圣芳济中学。

个中艰辛，非当事人不能想象。然而，圣芳济终究在中国教育界站稳了脚跟，且做出了一番成绩。

随着教学规模的不断扩展，圣芳济学院多次筹划扩建校舍。1935 年 1 月 28 日，《申报》刊登了《圣芳济学院筹建新校》的消息。

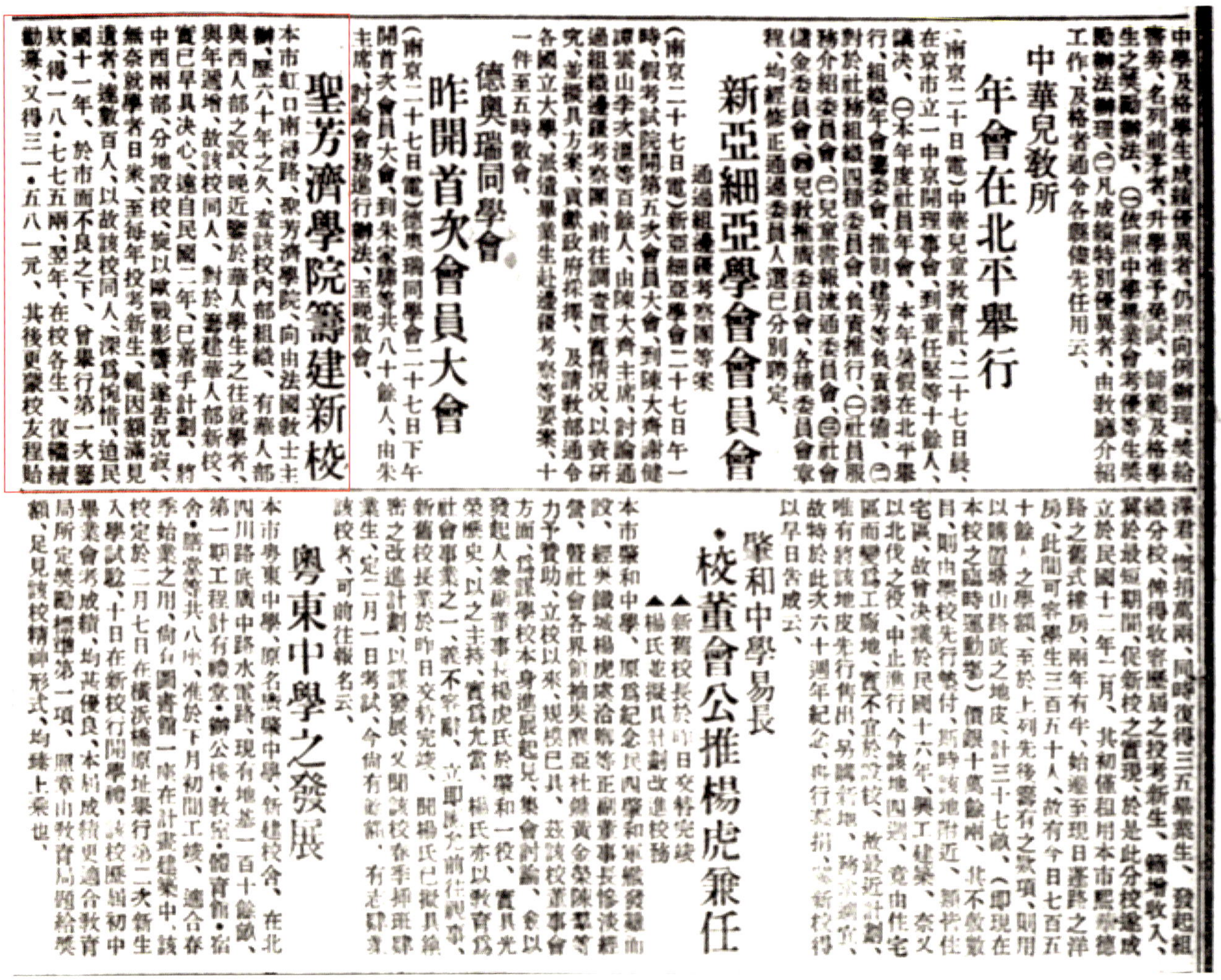

聖芳濟學院籌建新校

本市虹口南潯路、聖芳濟學院、向由法國教士主辦、歷六十年之久、查該校內部組織、有華人部與西人部之設、晚近鑒於華人學生之往就學者、與年遞增、故該校同人、對於籌建華人部新校、實已早具決心、遠自民國二年、已着手計劃、將中西兩部、分地設校、旋以歐戰影響、遂告沉寂、無奈就學者日衆、至每年校考新生、輒因額滿見遺者、達數百人、以故該校同人、深爲惋惜、迨民國十一年、於市面不良之下、曾舉行第一次募款、得一八・七七五兩、翌年、在校各生、復繼續勸募、又得三一・五八一元、其後更蒙校友程貽

中華兒教所年會在北平舉行

新亞細亞學會會員會

德奧瑞同學會昨開首次會員大會

肇和中學易長 校董會公推楊虎兼任

粵東中學之發展

1937 年 8 月 13 日，淞沪抗战爆发，位于虹口的圣芳济学院毗邻中日交战区域，难免受到波及。图为圣芳济校园围墙被炸的情形

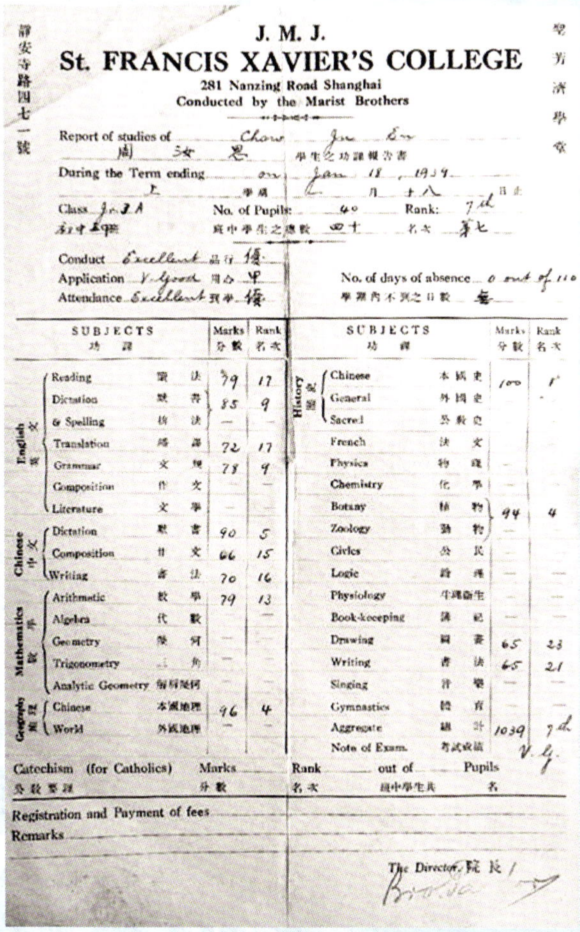

静安寺路四七一號

J. M. J.

St. FRANCIS XAVIER'S COLLEGE

281 Nanzing Road Shanghai

Conducted by the Marist Brothers

聖芳濟學堂

Report of studies of Chow Ju En

周汝恩 學生之功課報告書

During the Term ending on Jan 18, 1939

上 學期 一月十八日止

Class Jr. 3A

No. of Pupils: 40 Rank: 7th

庭中學生之總數 四十 名次 第七

Conduct Excellent 品行 優

Application V. Good 用心 甲

Attendance Excellent 到學 優

No. of days of absence 0 out of 110

學期內不到之日數 無

SUBJECTS 功課		Marks 分數	Rank 名次
English 英文	Reading 讀法	79	17
	Dictation 默書	85	9
	& Spelling 拼法	—	—
	Translation 翻譯	72	17
	Grammar 文規	78	9
	Composition 作文		—
	Literature 文學	—	—
Chinese 中文	Dictation 默書	90	5
	Composition 作文	66	15
	Writing 書法	70	16
Mathematics 數學	Arithmetic 數學	79	13
	Algebra 代數		—
	Geometry 幾何	—	—
	Trigonometry 三角	—	—
	Analytic Geometry 解析幾何	—	—
Geography 地理	Chinese 本國地理	96	4
	World 外國地理	—	—

SUBJECTS 功課		Marks 分數	Rank 名次
History 歷史	Chinese 本國史	100	1
	General 外國史		-
	Sacred 聖教史		
	French 法文		
	Physics 物理	—	
	Chemistry 化學	—	
	Botany 植物	94	4
	Zoology 動物	—	
	Civics 公民	—	
	Logic 論理	—	—
	Physiology 生理衛生	—	—
	Book-keeping 簿記	—	—
	Drawing 圖畫	65	23
	Writing 書法	65	21
	Singing 音樂	—	—
	Gymnastics 體育	—	—
	Aggregate 總計	1039	7th
	Note of Exam. 考試成績	V. G.	

Catechism (for Catholics) Marks Rank out of Pupils

公教要理 分數 名次 班中學生共 名

Registration and Payment of fees

Remarks

The Director 院長 / Bro. [illegible]

1937 年 11 月，上海华界全部沦陷。为应对战事，躲避战火，圣芳济学院曾在静安寺路和孟德兰路临时租房办学。图为标注静安寺路 471 号临时校址的圣芳济学生成绩报告单

1939年，在校友程贻泽等人的捐助下，于福熙路福煦坊（今延安中路1157弄）兴建圣芳济学院中国班新校舍。程贻泽(1905—1982)，祖籍安徽歙县，为上海滩地产大王程谨轩长孙；1923年毕业于圣芳济学院，学生时代就爱好足球、篮球、京戏等文体活动；继承祖业主持房地产公司后，斥资创立上海三育足球会、优游体育会，兴建体育场，并资助各项体育活动。

1922年，校友在程公馆合影。

1934年，程贻泽招待各筹款队长合影。

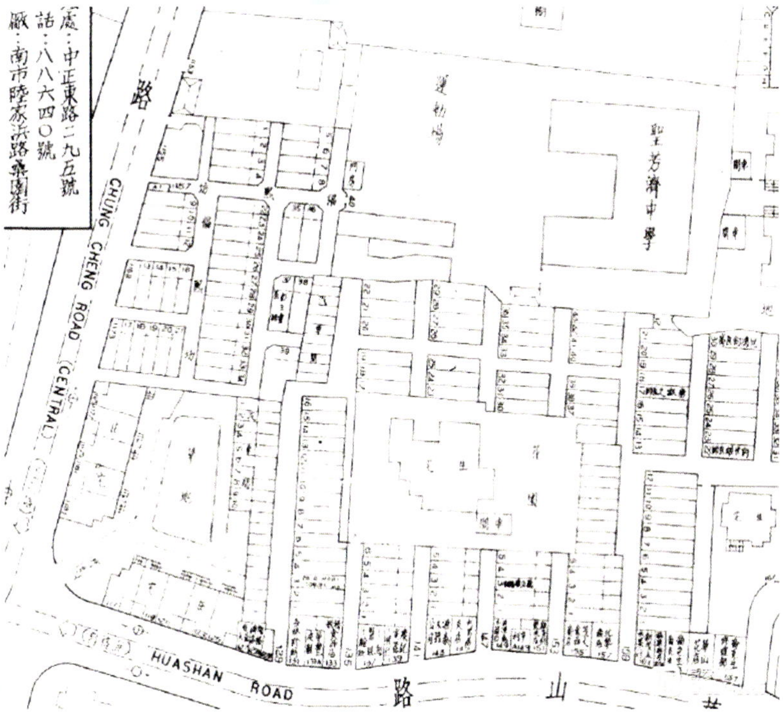

福熙路（抗战胜利后改名为中正中路，中华人民共和国成立后改名为延安中路）福熙坊新校舍，占地 14 亩（约 9300 平方米），场地开阔，规模超过了虹口南浔路旧校舍。

1942年太平洋战争爆发，日军进占租界，虹口圣芳济学堂西人部停办。学校外籍教职人员被日军关押于黄浦江对岸由英美烟草公司仓库改建的浦东集中营。

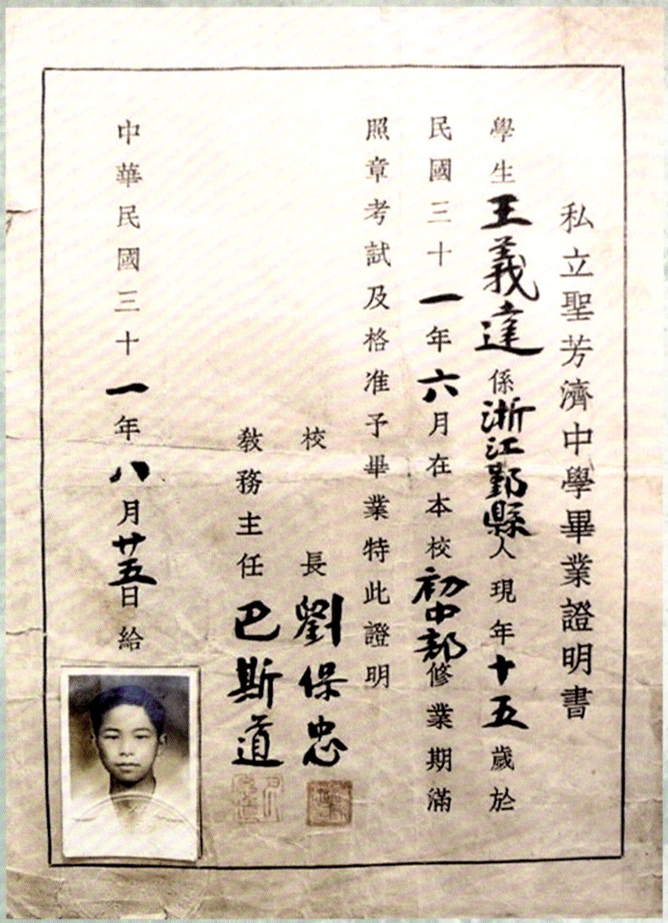

私立聖芳濟中學畢業證明書

學生王義達係浙江鄞縣人現年十五歲於民國三十一年六月在本校初中部修業期滿照章考試及格准予畢業特此證明

校長 劉保忠

教務主任 巴斯道

中華民國三十一年八月廿五日給

福熙路校区地处法租界西首，按照相关规定，学校向租界当局注册，改名私立圣芳济中学。图为1942年私立圣芳济中学颁发的学生毕业证明书

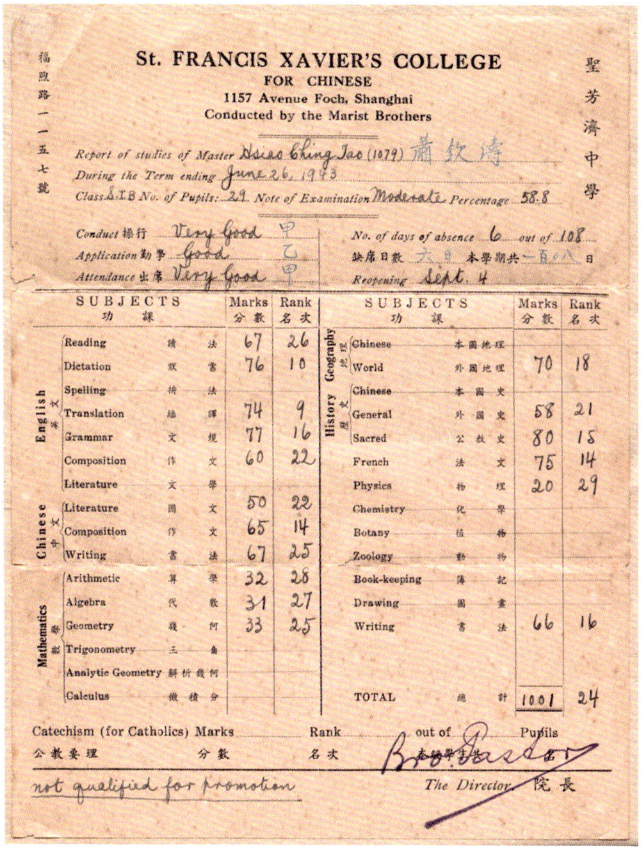

福煦路一一五七號

St. FRANCIS XAVIER'S COLLEGE

FOR CHINESE

1157 Avenue Foch, Shanghai

Conducted by the Marist Brothers

聖芳濟中學

Report of studies of Master Hsiao Ching Tao (1079) 萧钦涛

During the Term ending June 26, 1943

Class S.I.B No. of Pupils: 29 Note of Examination Moderate Percentage 58.8

Conduct 操行 Very Good 甲

Application 勤事 Good 乙

Attendance 出席 Very Good 甲

No. of days of absence 6 out of 108

缺席日數 六日 本學期共 一百〇八 日

Reopening Sept. 4

SUBJECTS 功課		Marks 分數	Rank 名次	SUBJECTS 功課		Marks 分數	Rank 名次
English 英文	Reading 讀法	67	26	Geography 地理	Chinese 本國地理		
	Dictation 默書	76	10		World 外國地理	70	18
	Spelling 拼法			History 歷史	Chinese 本國史		
	Translation 繙譯	74	9		General 外國史	58	21
	Grammar 文規	77	16		Sacred 公教史	80	15
	Composition 作文	60	22		French 法文	75	14
	Literature 文學				Physics 物理	20	29
Chinese 中文	Literature 國文	50	22		Chemistry 化學		
	Composition 作文	65	14		Botany 植物		
	Writing 書法	67	25		Zoology 動物		
Mathematics 數學	Arithmetic 算學	32	28		Book-keeping 簿記		
	Algebra 代數	31	27		Drawing 圖畫		
	Geometry 幾何	33	25		Writing 書法	66	16
	Trigonometry 三角						
	Analytic Geometry 解析幾何						
	Calculus 微積分				TOTAL 總計	1001	24

Catechism (for Catholics) Marks ...... Rank ...... out of ...... Pupils

公教要理 分數 名次

not qualified for promotion

Bro. Pastor

The Director 院長

1943 年私立圣芳济中学学生成绩单

1945 年抗战胜利后，虹口南浔路校区恢复教学。此后，福熙坊校区逐渐成为圣芳济中学总校。图为 1946 年圣芳济中学高一（3）班部分学生与国文老师何以聪在复兴公园的合影

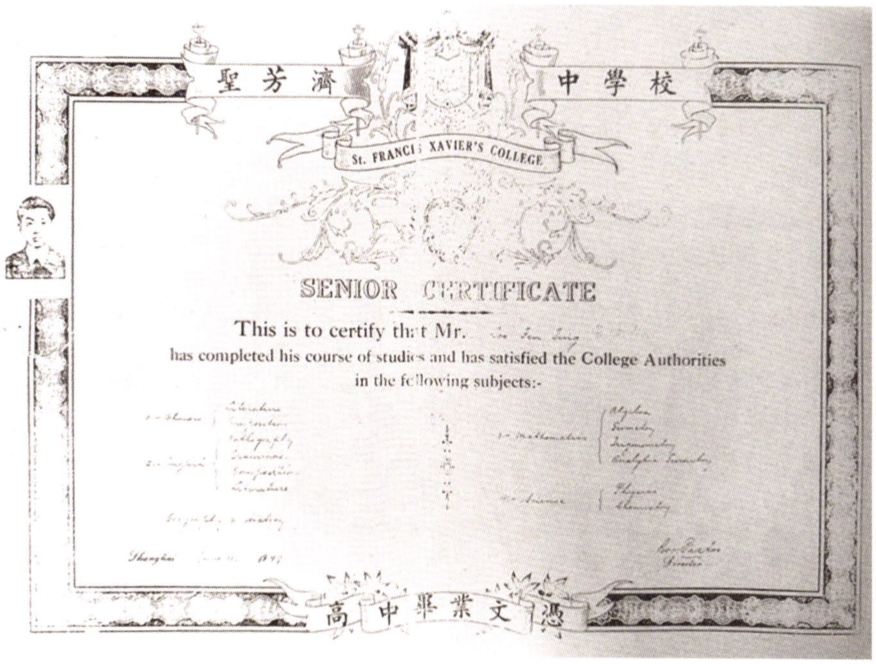

1949 年，圣芳济中学颁发的中华人民共和国成立前最后一届学生毕业证书。

第二节　破旧立新

从 1874 年初创到 1949 年中华人民共和国成立之前，圣芳济栉风沐雨，在近代中国教育史上书写了自己壮丽的篇章。战争结束后，人民生活渐趋稳定，虽生活不易，但教育被提到了较高位置。

1949 年 5 月，上海解放，此时正值圣芳济建校 75 周年之际。1950 年 2 月，上海市教育局派员接管圣芳济中学总校和分校，分校负责人由市教育局委派吴铎同志担任；不久，圣芳济中学总校和分校分别改名为私立时代中学总校和分校。次年，又改名为私立时代中学南校与北校。至此，翻开了学校历史新的一页。

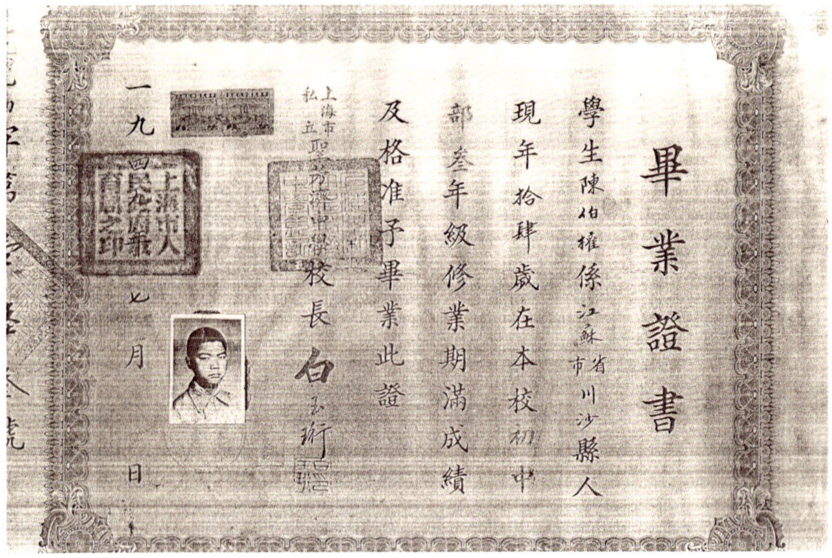

畢業證書

學生陳伯植係江蘇省川沙縣人現年拾肆歲在本校初中部叁年級修業期滿成績及格准予畢業此證

上海市私立聖芳濟中學校長白玉衍

一九四九年七月　日

1949 年 5 月 27 日上海解放，次日，上海市人民政府宣告成立。7 月，上海市人民政府教育局颁发第一批次圣芳济中学高中毕业证书。

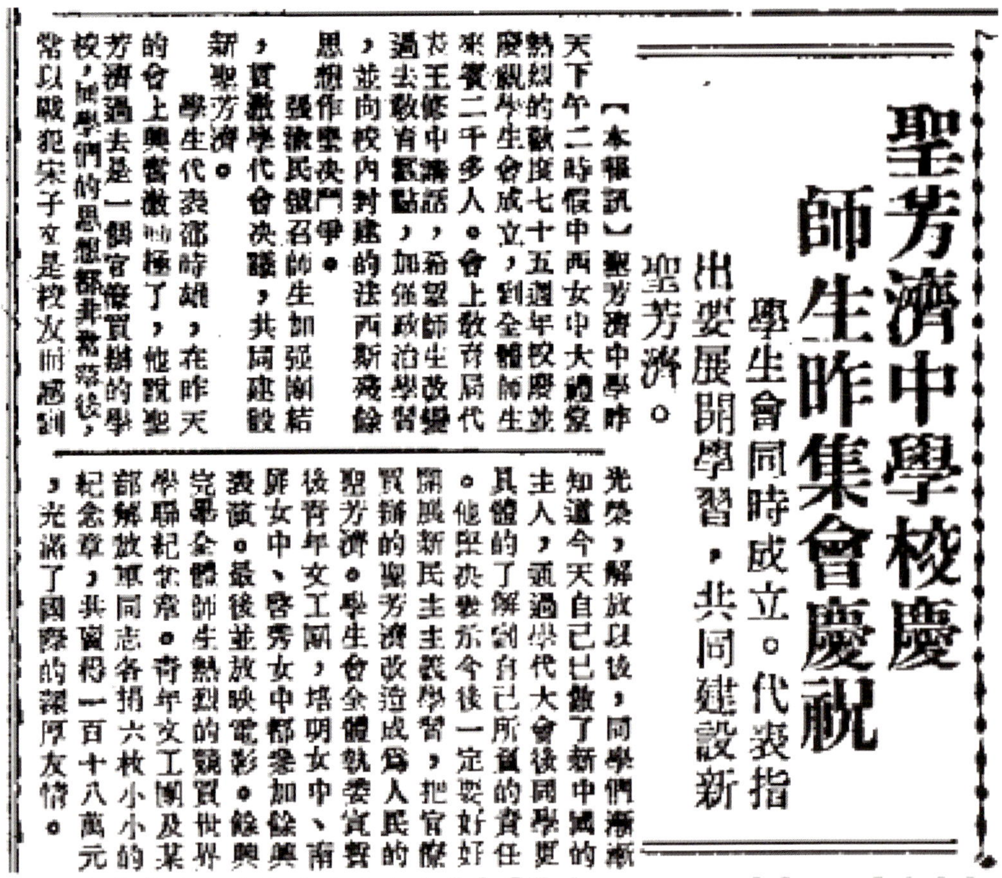

聖芳濟中學校慶 師生昨集會慶祝

學生會同時成立。代表指出要展開學習，共同建設新聖芳濟。

【本報訊】聖芳濟中學昨天下午二時假中西女中大禮堂熱烈的歡度七十五週年校慶並慶祝學生會成立，到全體師生來賓二千多人。會上教育局代表王修中講話，希望師生改變過去教育觀點，加强政治學習，並向校內封建的法西斯殘餘思想作堅決鬥爭。

强謙民號召師生加强團結，貫徹學代會決議，共同建設新聖芳濟。

學生代表鄒時雄，在昨天的會上興奮激動極了，他說聖芳濟過去是一個官僚買辦的學校，同學們的思想都非常落後，常以戰犯宋子文是校友而感到光榮，解放以後，同學們漸漸知道今天自己已做了新中國的主人，通過學代大會後同學更具體的了解到自己所負的責任。他並表示今後一定要好好開展新民主主義學習，把官僚買辦的聖芳濟改造成爲人民的聖芳濟。學生會全體執委宣誓後青年文工團，培明女中、南屏女中、啓秀女中都參加餘興表演。最後並放映電影。餘興完畢全體師生熱烈的購買世界學聯紀念章。青年文工團及某部解放軍同志各捐六枚小小的紀念章，共實得一百十八萬元，充滿了國際的深厚友情。

中华人民共和国成立之际，恰逢圣芳济 75 周年校庆。1949 年 12 月 3 日，圣芳济中学假借中西女中大礼堂召开校庆纪念大会；12 月 4 日，《文汇报》刊登《圣芳济中学校庆师生昨集会庆祝》的消息。

在建校 75 周年校庆纪念册上，圣芳济师生纷纷撰文，对新中国教育和学校发展进行思考和展望，广大师生对祖国和学校的未来充满憧憬。

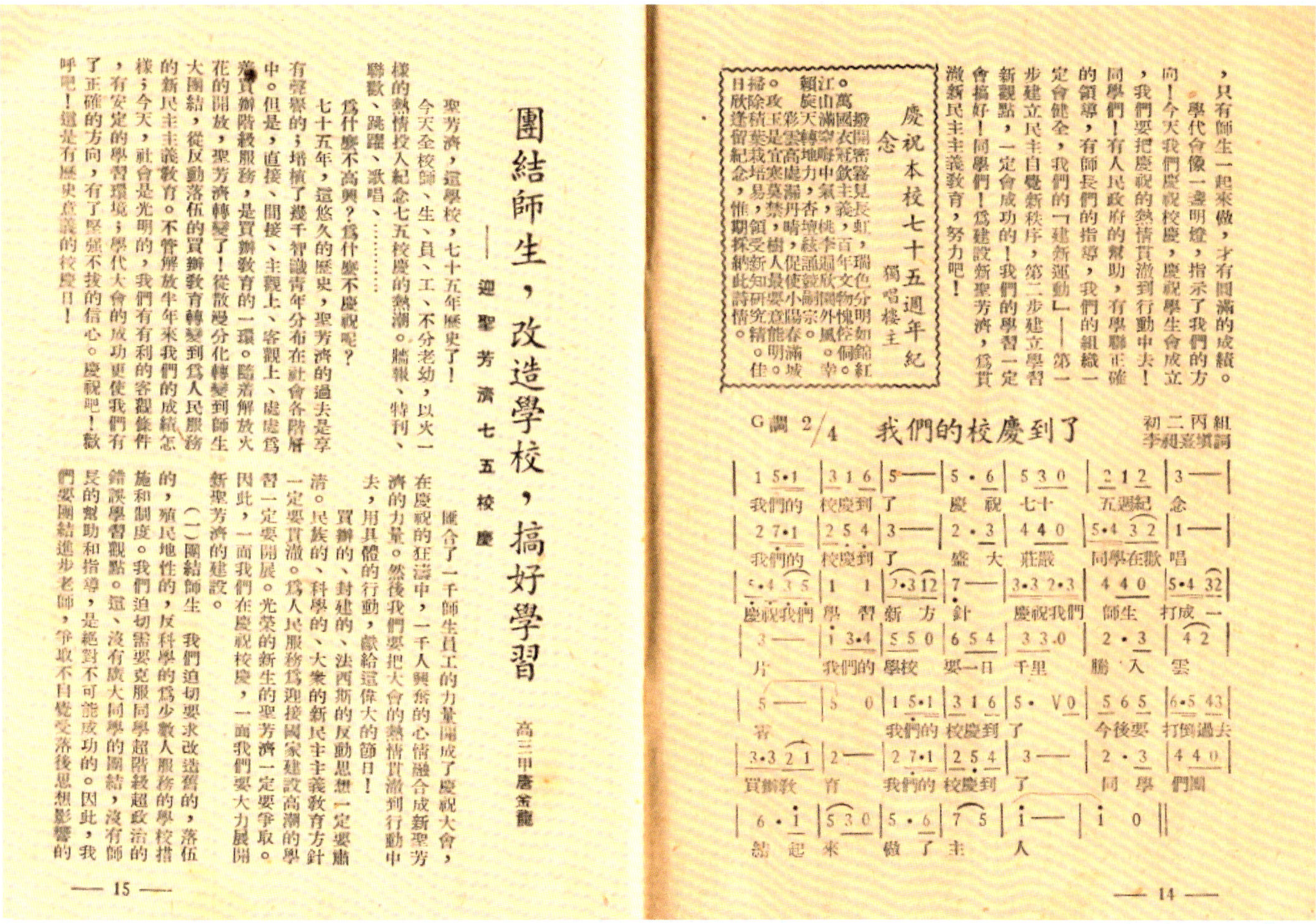

，只有師生一起來做，才有圓滿的成績。

學代會像一盞明燈，指示了我們的方向！今天我們慶祝校慶，慶祝學生會成立，我們要把慶祝的熱情貫澈到行動中去！同學們！有人民政府的幫助，有學聯正確的領導，有師長們的指導，我們的組織一定會健全，我們的「建新運動」——第一步建立民主自覺新秩序，第二步建立學習新觀點，一定會成功的！我們的學習一定會搞好！同學們！爲建設新聖芳濟，爲貫澈新民主主義教育，努力吧！

慶祝本校七十五週年紀念

獨唱樓主

G調 2/4 我們的校慶到了

初二丙組 李維嘉填詞

我們的校慶到了 慶祝七十五週紀念 我們的校慶到了 盛大莊嚴 同學在歡唱 慶祝我們學習新方針 慶祝我們師生打成一片 我們的學校要一日千里 騰入雲霄 我們的校慶到了 今後要打倒過去買辦教育 我們的校慶到了 同學們團結起來做了主人

— 14 —

團結師生，改造學校，搞好學習

——迎聖芳濟七五校慶

高三甲 唐寶龍

聖芳濟，這學校，七十五年歷史了！

今天全校師、生、員、工、不分老幼，以火一樣的熱情投入紀念七五校慶的熱潮。牆報、特刊、聯歡、跳躍、歌唱、……

爲什麼不高興？爲什麼不慶祝呢？

七十五年，這悠久的歷史，聖芳濟的過去是享有聲譽的；培植了幾千智識青年分布在社會各階層中。但是，直接、間接、主觀上、客觀上、處處爲着買辦階級服務，是買辦教育的一環。隨着解放火花的開放，聖芳濟轉變了！從散漫分化轉變到師生大團結，從反動落伍的買辦教育轉變到爲人民服務的新民主主義教育。不管解放半年來我們的成績怎樣；今天，社會是光明的，我們有有利的客觀條件，有安定的學習環境；學代大會的成功更使我們有了正確的方向，有了堅强不拔的信心。慶祝吧！歡呼吧！這是有歷史意義的校慶日！

匯合了一千師生員工的力量開成了慶祝大會，在慶祝的狂濤中，一千人興奮的心情融合成新聖芳濟的力量。然後我們要把大會的熱情貫澈到行動中去，用具體的行動，獻給這偉大的節日！

買辦的、封建的、法西斯的反動思想一定要肅清。民族的、科學的、大衆的新民主主義教育方針一定要貫澈。爲人民服務爲迎接國家建設高潮的學習一定要開展。光榮的新生的聖芳濟一定要爭取。因此，一面我們在慶祝校慶，一面我們要大力展開新聖芳濟的建設。

(一)團結師生　我們迫切要求改造舊的，落伍的，殖民地性的，反科學的爲少數人服務的學校措施和制度。我們迫切需要克服同學超階級超政治的錯誤學習觀點。這、沒有廣大同學的團結，沒有師長的幫助和指導，是絕對不可能成功的。因此，我們要團結進步老師，爭取不自覺受落後思想影響的

— 15 —

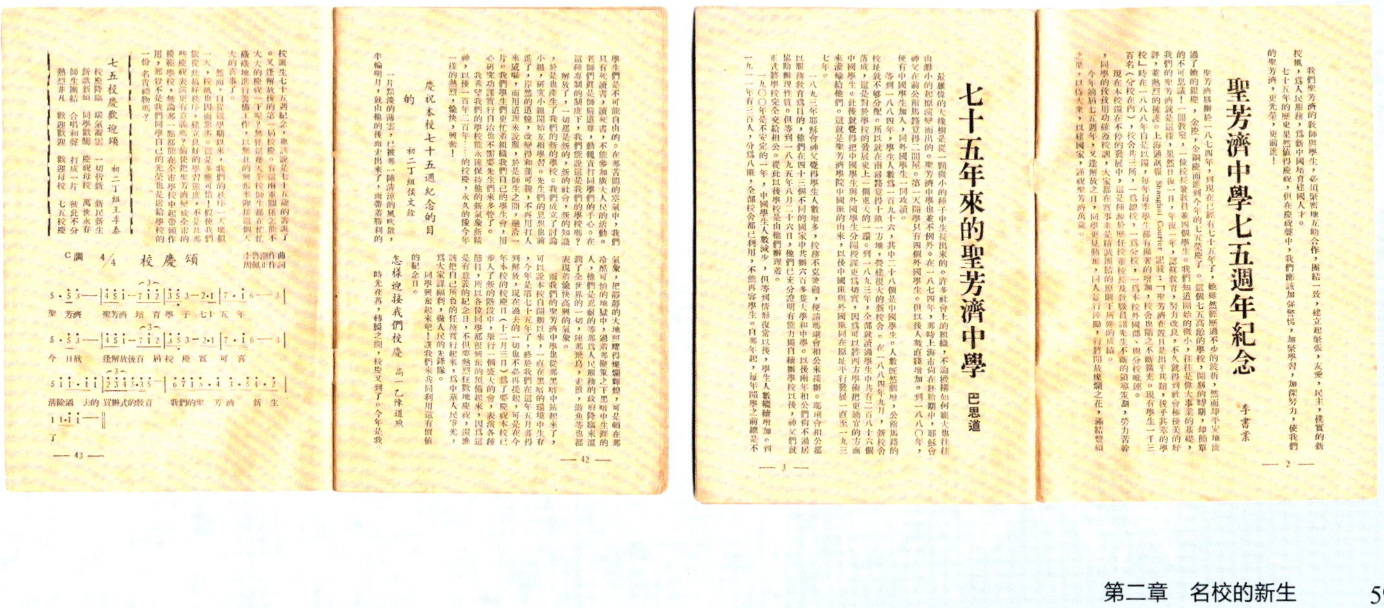

1950年2月，上海市教育局接管圣芳济中学总校和分校。图为圣芳济中学向教育局移交的北校校舍平面图和建筑图

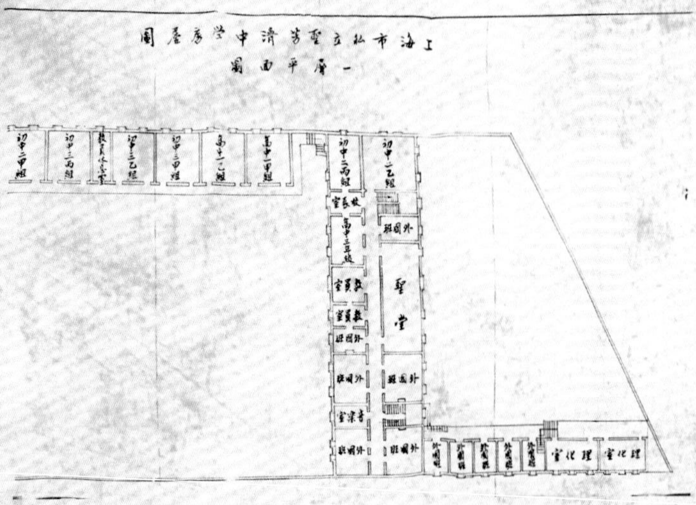

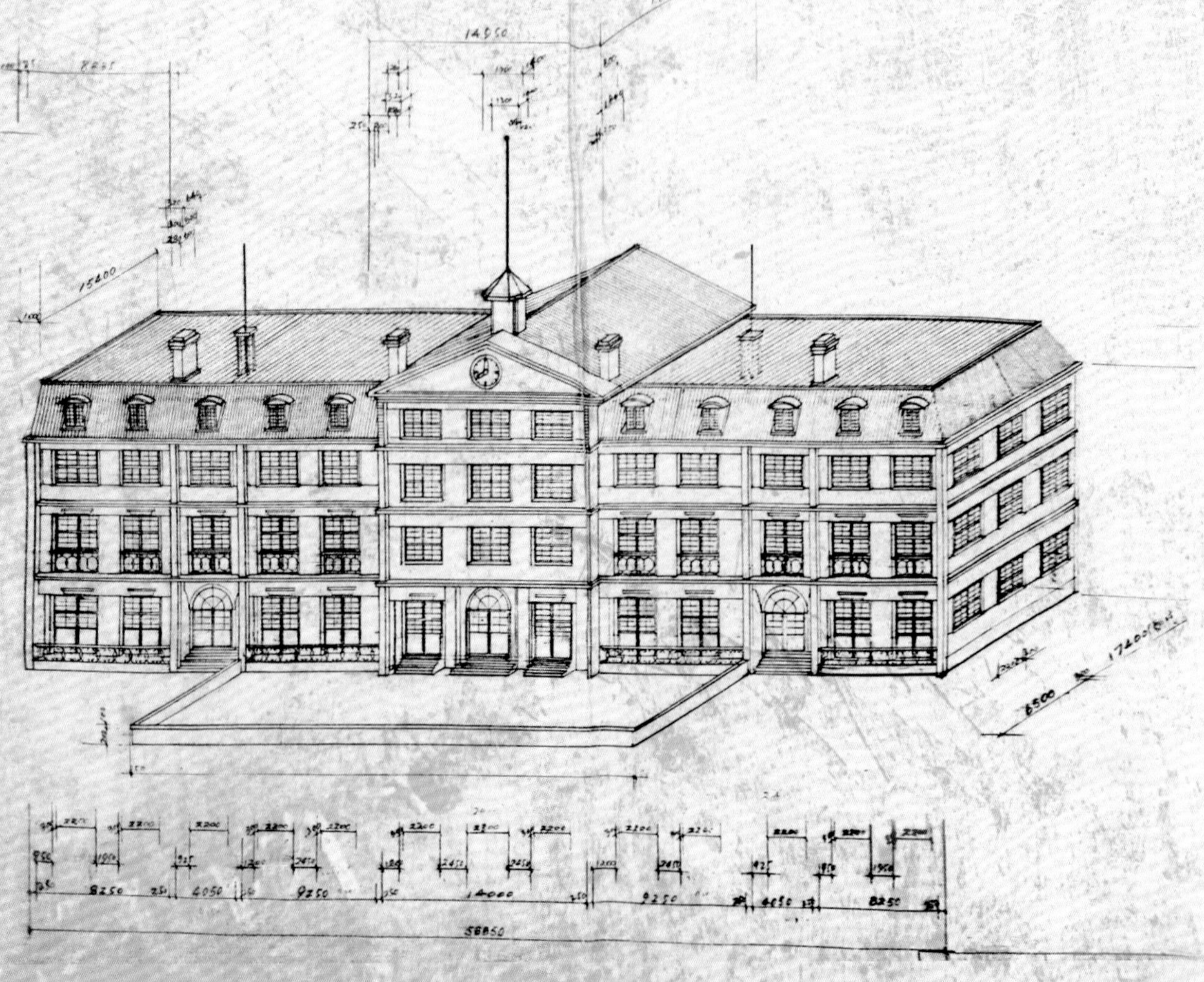

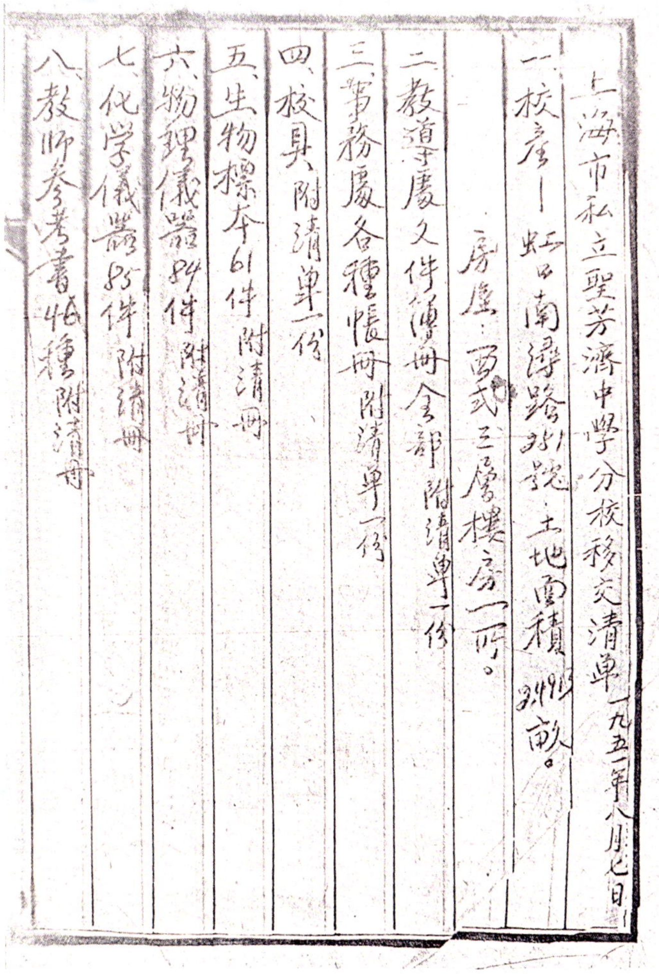

上海市私立聖芳濟中學分校移交清單 一九五一年八月七日

一、校產 — 虹口南潯路351號 土地面積2449[?]畝。房屋：西式三層樓房一所。

二、教導處文件簿冊全部 附清單一份

三、事務處各種帳冊 附清單一份

四、校具 附清單一份

五、生物標本61件 附清冊

六、物理儀器84件 附清冊

七、化學儀器85件 附清冊

八、教師參考書46種 附清冊

上海市私立圣芳济中学分校移交清单

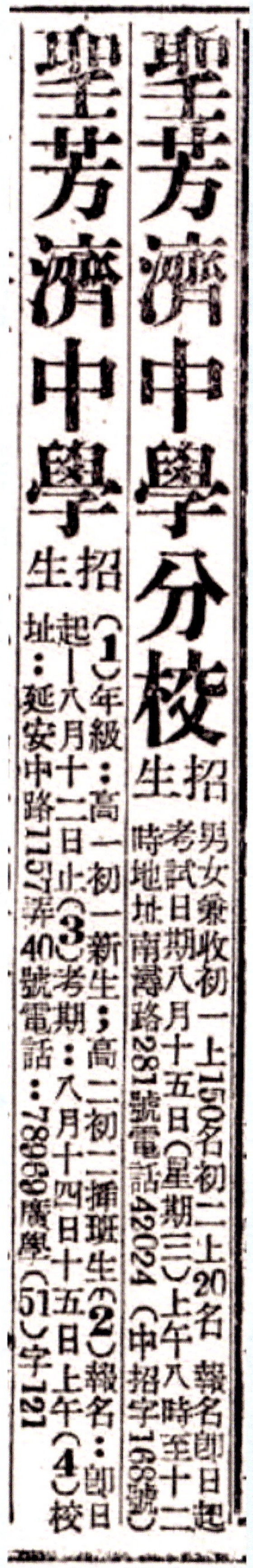

聖芳濟中學分校

招生

男女兼收初一上150名初二上20名 報名即日起

考試日期八月十五日（星期三）上午八時至十二時

地址南潯路281號電話42024（中招字168號）

聖芳濟中學

招生

（1）年級：高一初一新生；高二初二插班生（2）報名：即日起—八月十二日止（3）考期：八月十四日十五日上午（4）校址：延安中路1157弄40號電話：78969廣學（51）字121

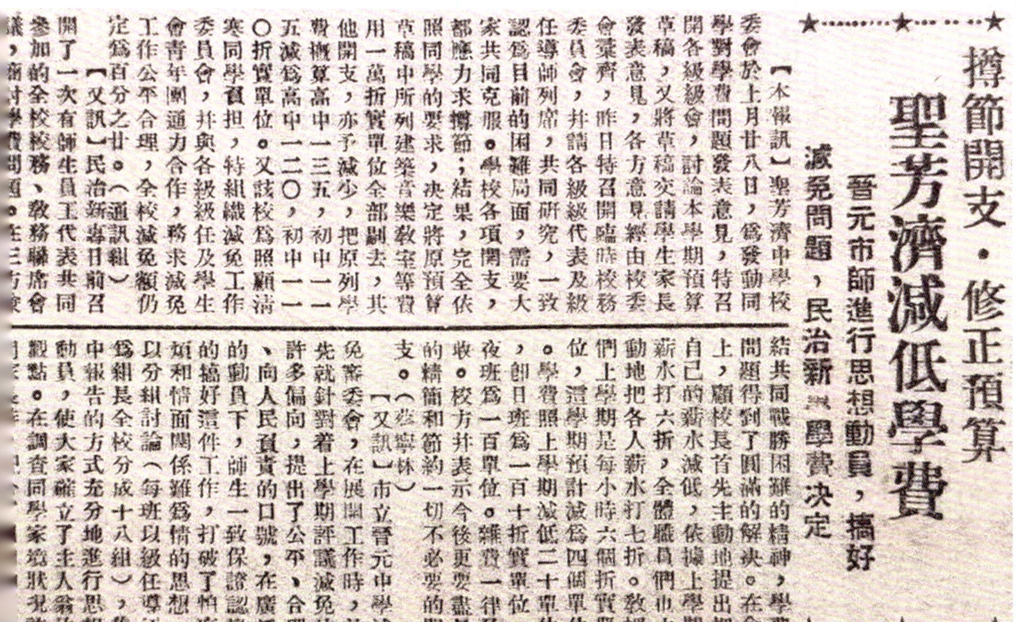

撙節開支・修正預算

聖芳濟減低學費

晉元市師進行思想動員，搞好減免問題，民治新專學費決定

【本報訊】聖芳濟中學校委會於上月廿八日，爲發動同學對學費問題發表意見，特召開各級級會，討論本學期預算草稿，又將草稿交請學生家長發表意見，各方意見經由校委會彙齊，昨日特召開臨時校務委員會，并請各級級代表及級任導師列席，共同研究，一致認爲目前的困難局面，需要大家共同克服。學校各項開支，都應力求撙節；結果，完全依照同學的要求，決定將原預算草稿中所列建築音樂教室等費用一萬折實單位全部刪去，其他開支，亦予減少，把原列學費概算高中一三五，初中一一五減爲高中一二〇，初中一一〇折實單位。又該校爲照顧清寒同學負担，特組織減免工作委員會，并與各級級任及學生會青年團通力合作，務求減免工作公平合理，全校減免額仍定爲百分之廿。（通訊組）

【又訊】民治新專目前召開了一次有師生員工代表共同參加的全校校務、教務聯席會議，商討學費問題。在三方面……

……結共同戰勝困難的精神，學費問題得到了圓滿的解決。在會上，顧校長首先主動地提出把自己的薪水減低，依據上學期薪水打六折，全體職員們也主動地把各人薪水打七折。教授們上學期是每小時六個折實單位，這學期預計減爲四個折實單位。學費照上學期減低二十單位，即日班爲一百十折實單位，夜班爲一百單位。雜費一律免收。校方并表示今後更要盡量的精簡和節約一切不必要的開支。（蔡寧林）

【又訊】市立晉元中學減免審委會，在展開工作時，首先就針對着上學期評議減免的許多偏向，提出了公平、合理、向人民負責的口號，在廣泛的動員下，師生一致保證認眞的搞好這件工作，打破了怕麻煩和情面關係難爲情的思想，以分組討論（每班以級任導師爲組長全校分成十八組），集中報告的方式充分地進行思想動員，使大家確立了主人翁的觀點。在調查同學家境狀況訪……

为减轻学生负担，接管后的圣芳济中学校务委员会经过讨论，决定节省预算开支，降低部分学费。1950年3月4日，《文汇报》刊登《圣芳济减低学费》的报道。

《解放日报》刊登的圣芳济中学总校和分校招生广告

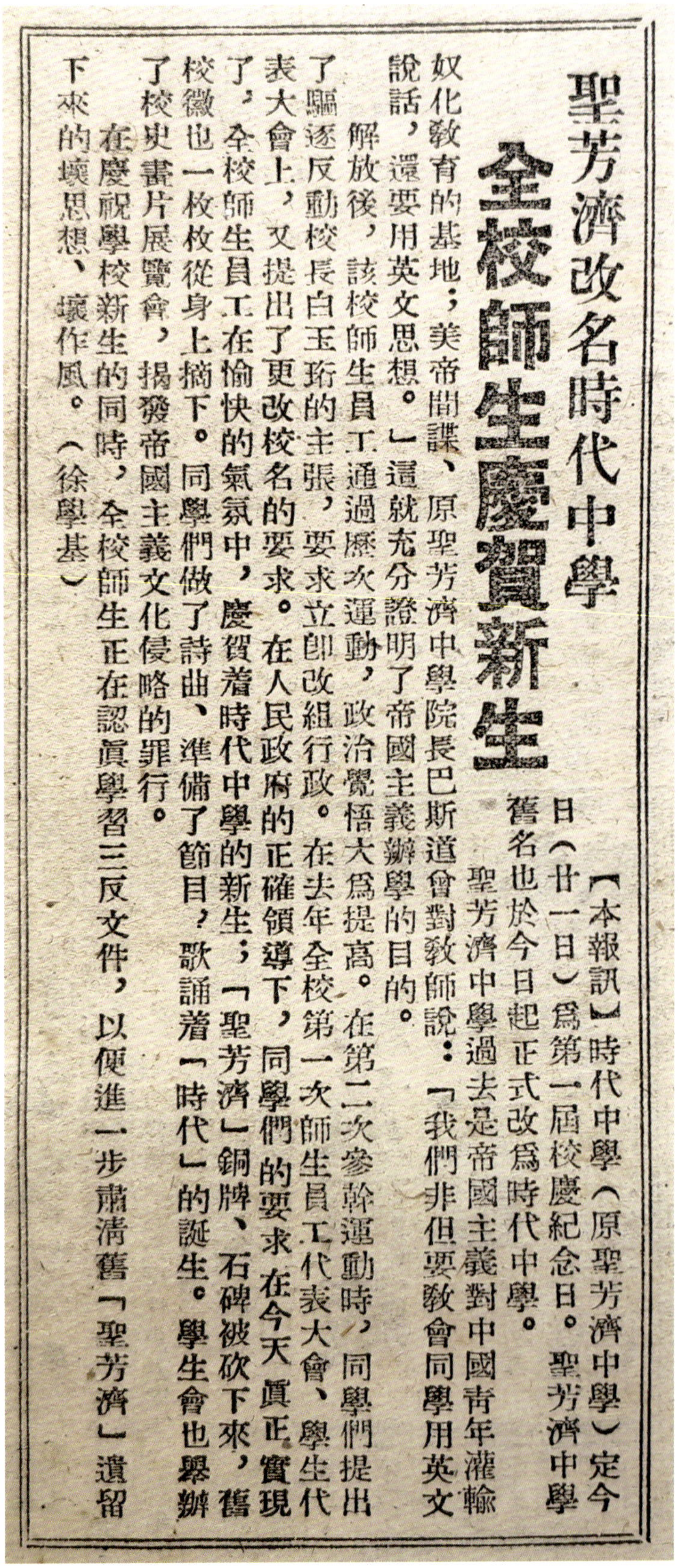

聖芳濟改名時代中學
全校師生慶賀新生

【本報訊】時代中學（原聖芳濟中學）定今日（廿一日）爲第一屆校慶紀念日。聖芳濟中學舊名也於今日起正式改爲時代中學。

聖芳濟中學過去是帝國主義對中國青年灌輸奴化教育的基地；美帝間諜、原聖芳濟中學院長巴斯道會對教師說：「我們非但要教會同學用英文說話，還要用英文思想。」這就充分證明了帝國主義辦學的目的。

解放後，該校師生員工通過歷次運動，政治覺悟大爲提高。在第二次參幹運動時，同學們提出了驅逐反動校長白玉珩的主張，要求立即改組行政。在去年全校第一次師生員工代表大會、學生代表大會上，又提出了更改校名的要求。在人民政府的正確領導下，同學們的要求在今天眞正實現了，全校師生員工在愉快的氣氛中，慶賀着時代中學的新生；「聖芳濟」銅牌、石碑被砍下來，舊校徽也一枚枚從身上摘下。同學們做了詩曲，準備了節目，歌誦着「時代」的誕生。學生會也舉辦了校史畫片展覽會，揭發帝國主義文化侵略的罪行。

在慶祝學校新生的同時，全校師生正在認眞學習三反文件，以便進一步肅清舊「聖芳濟」遺留下來的壞思想、壞作風。（徐學基）

1952 年 3 月 21 日，《文汇报》刊登圣芳济改名时代中学的消息。

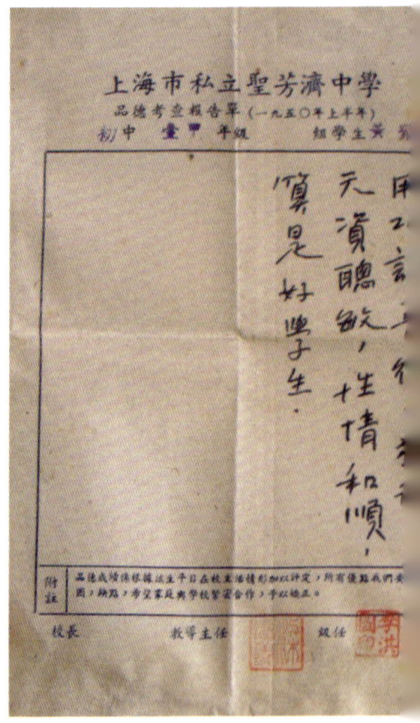

1950 年上半学年圣芳济中学学生品德考察报告单和学生证

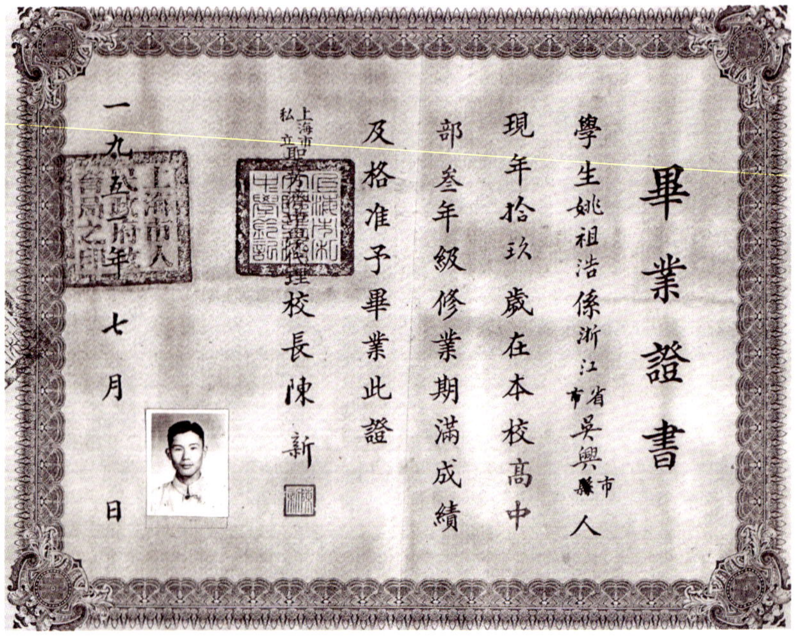

1951 年 7 月"私立上海市圣芳济中学"最后一届高中毕业生毕业证书

第三节　洪流奔涌

天下兴亡，匹夫有责。虽然是教会学校，但圣芳济中国籍师生始终保持着赤诚的爱国心，具有革命传统，时常走在斗争的前列。中国半封建半殖民地的残酷社会现实，强烈刺激着国人的民族自尊心。他们始终正确认识国情，明确所肩负的时代使命。

“五卅运动”之际，圣芳济学生宣布罢课，加入群众示威队伍，将爱国的号角吹遍上海，以唤醒民众的爱国情感。抗战胜利后，圣芳济学生反对国民党当局利用会考制度施行党化教育，在报纸上发表《告社会书》，表示反对内战，追求进步。1949 年，为迎接解放，学生自发组建自治会，进行革命宣传，组织护校斗争。由人民政府教学机构接管之后，当帝国主义把战火烧到鸭绿江边，学校又听从祖国召唤，与子同袍，掀起了参军参干、投身祖国建设、抗美援朝的热潮。

在圣芳济建校 75 周年纪念册上，校长陈新发表题为《怎样改造圣芳济中学》的署名文章。

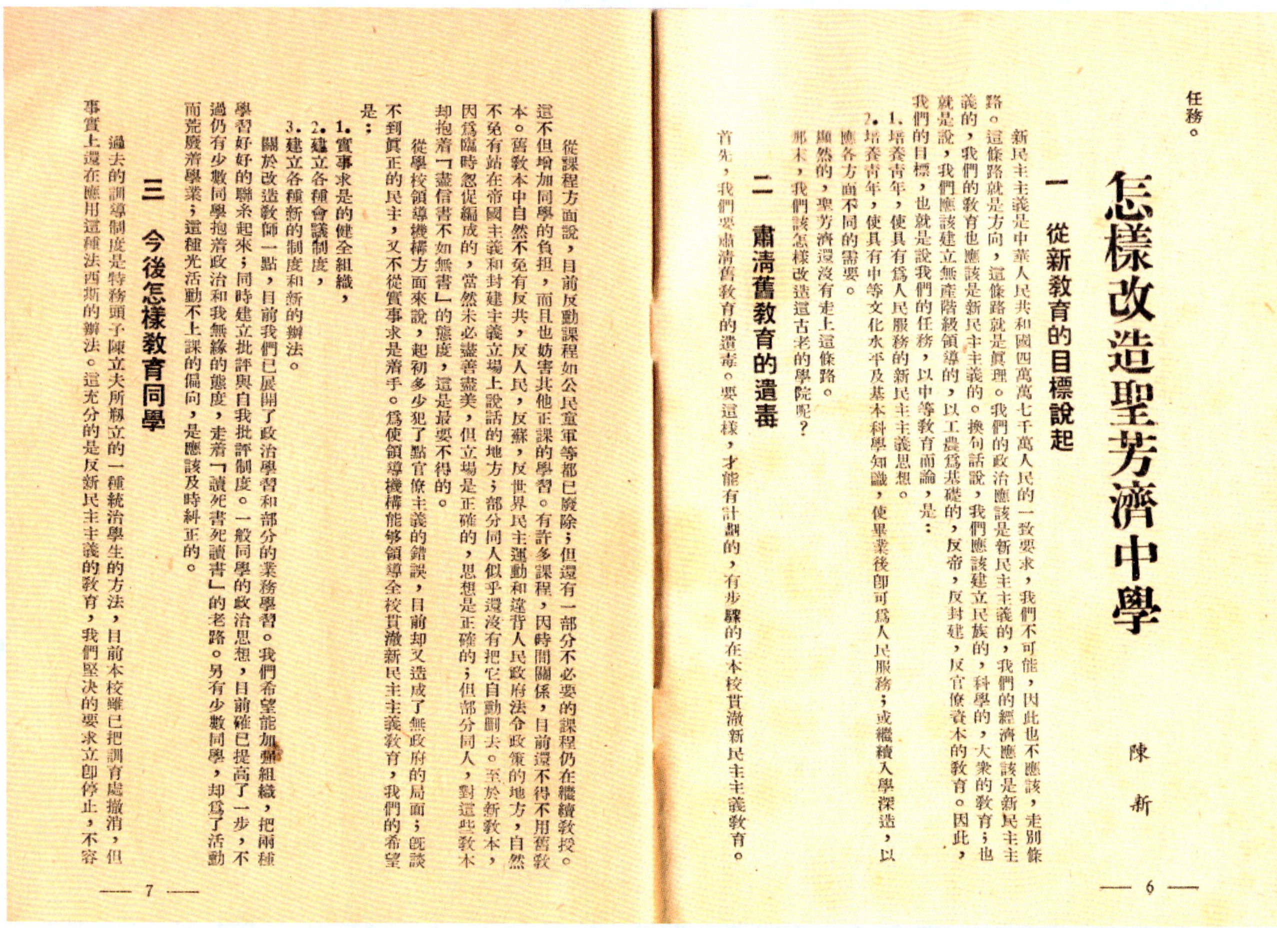

任務。

怎樣改造聖芳濟中學

陳新

一 從新教育的目標說起

新民主主義是中華人民共和國四萬萬七千萬人民的一致要求，我們不可能，因此也不應該，走別條路。這條路就是方向，這條路就是眞理。我們的政治應該是新民主主義的，我們的經濟應該是新民主主義的，我們的教育也應該是新民主主義的。換句話說，我們應該建立民族的，科學的，大衆的教育；也就是說，我們應該建立無產階級領導的，以工農爲基礎的，反帝，反封建，反官僚資本的教育。因此，我們的目標，也就是說我們的任務，以中等教育而論，是：

1.培養青年，使具有爲人民服務的新民主主義思想。

2.培養青年，使具有中等文化水平及基本科學知識，使畢業後即可爲人民服務；或繼續入學深造，以應各方面不同的需要。

顯然的，聖芳濟還沒有走上這條路。

那末，我們該怎樣改造這古老的學院呢？

二 肅清舊教育的遺毒

首先，我們要肅清舊教育的遺毒。要這樣，才能有計劃的，有步驟的在本校貫澈新民主主義教育。

— 6 —

從課程方面說，目前反動課程如公民童軍等都已廢除；但還有一部分不必要的課程仍在繼續教授。這不但增加同學的負担，而且也妨害其他正課的學習。有許多課程，因時間關係，目前還不得不用舊教本。舊教本中自然不免有反共，反人民，反蘇，反世界民主運動和違背人民政府法令政策的地方，自然不免有站在帝國主義和封建主義立場上說話的地方；部分同人似乎還沒有把它自動删去。至於新教本，因爲臨時怱促編成的，當然未必盡善盡美，但立場是正確的，思想是正確的；但部分同人，對這些教本却抱着「盡信書不如無書」的態度，這是最要不得的。

從學校領導機構方面來說，起初多少犯了點官僚主義的錯誤，目前却又造成了無政府的局面；既談不到眞正的民主，又不從實事求是着手。爲使領導機構能够領導全校貫澈新民主主義教育，我們的希望是：

1.實事求是的健全組織，

2.建立各種會議制度，

3.建立各種新的制度和新的辦法。

關於改造教師一點，目前我們已展開了政治學習和部分的業務學習。我們希望能加强組織，把兩種學習好好的聯系起來；同時建立批評與自我批評制度。一般同學的政治思想，目前確已提高了一步，不過仍有少數同學抱着政治和我無緣的態度，走着「讀死書死讀書」的老路。另有少數同學，却爲了活動而荒廢着學業；這種光活動不上課的偏向，是應該及時糾正的。

三 今後怎樣教育同學

過去的訓導制度是特務頭子陳立夫所樹立的一種統治學生的方法，目前本校雖已把訓育處撤消，但事實上還在應用這種法西斯的辦法。這充分的是反新民主主義的教育，我們堅決的要求立即停止，不容

— 7 —

學聯召集滬南西各校同學

舉行南下動員大會

兩千同學踴躍參加

復旦全校師生熱烈歡迎軍管

〔本報訊〕本市南一（徐匯、常熟）西二（長寧、靜安）區學聯昨天（二十日）下午三時在交大新文治堂召開南下動員大會，到有交大、大夏、聖約翰、上醫、立信、女師、幼專、中西女中、聖芳濟等大中學校四十多單位四千多同學。開會時正值匪機盤旋頭頂在近郊丟炸彈掃射機槍殘害人民，同學情緒更趨激昂。主席約大黃壽齡同學指出：不把國民黨匪幫徹底殲滅，老百姓不可能安生，有着光輝歷史的上海同學，這次爲配合人民解放軍解放全中國，踴躍走向人民隊伍參加南下服務的革命工作。新青團中央委員李昌同志指陳今天人民解放戰爭雖在基本上已獲得了勝利，但反動派野心不死，所以斬草除根，除懸務盡，一定要將革命進行到底。沒有全國的勝利，上

1949 年 5 月，中央军委做出向华南、西南进军，解放全中国的部署。为适应接管城市、开辟新区工作的需要，中共华东局和第二、第三野战军决定在上海吸收大中学生和青年职工参军，组建中国人民解放军随军服务团，包括“西南服务团”和“南下服务团”。6 月，上海市学联召开南下动员大会，包括圣芳济中学在内的 2000 余人积极报名，踊跃参加。7 月，圣芳济中学部分高三学生参加“南下服务团”，随解放军南下。

1949 年 11 月 11 日，上海市第一届学生代表大会开幕，圣芳济中学派学生代表参加。12 月 3 日，在校庆 65 周年纪念大会上，宣布成立圣芳济学生会。

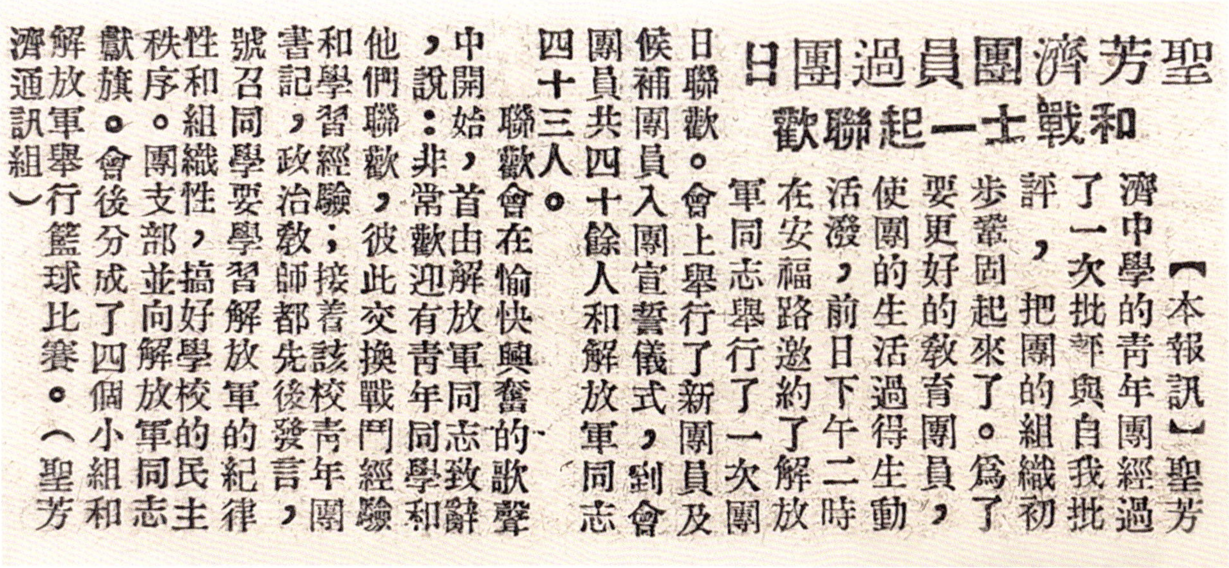

聖芳濟團員過團日

和戰士一起聯歡

【本報訊】聖芳濟中學的青年團經過了一次批評與自我批評，把團的組織初步鞏固起來了。為了要更好的教育團員，使團的生活過得生動活潑，前日下午二時在安福路邀約了解放軍同志舉行了一次團日聯歡。會上舉行了新團員及候補團員入團宣誓儀式，到會團員共四十餘人和解放軍同志四十三人。

聯歡會在愉快興奮的歌聲中開始，首由解放軍同志致辭，說：非常歡迎有青年同學和他們聯歡，彼此交換戰鬥經驗和學習經驗，接着該校青年團書記，政治教師都先後發言，號召同學要學習解放軍的紀律性和組織性，搞好學校的民主秩序。團支部並向解放軍同志獻旗。會後分成了四個小組和解放軍舉行籃球比賽。（聖芳濟通訊組）

1949 年 12 月，圣芳济中学开始组建团组织，不久成立了第一个新民主主义青年团支部。1950 年 6 月 13 日，《文汇报》刊登《圣芳济团员过团日 和战士一起联欢》的报道。

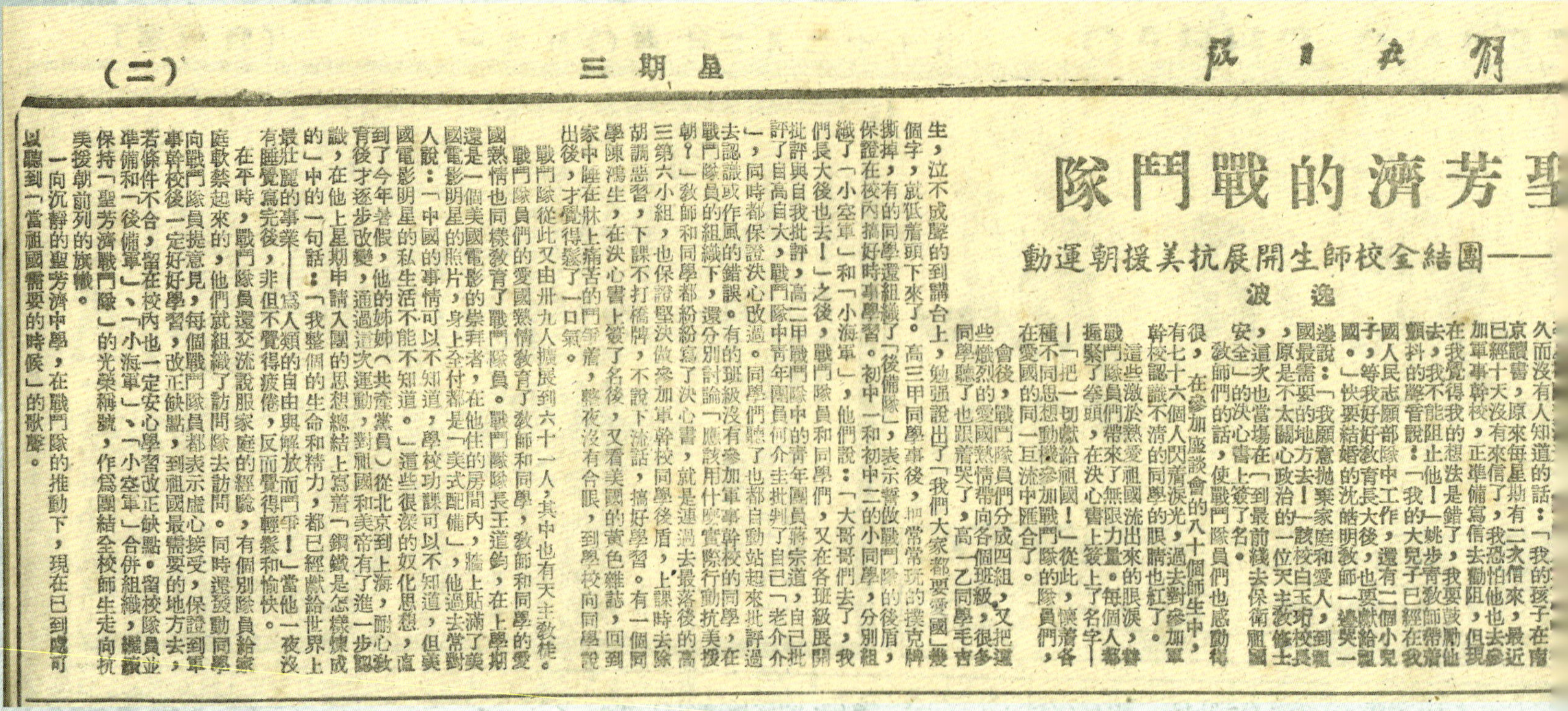

解放日報　星期三　（二）

聖芳濟的戰鬥隊

——團結全校師生開展抗美援朝運動

逸波

久而沒有人知道的話：「我的孩子在南京讀書，原來每星期有二次信來，最近已經十天，沒有來信了，我恐怕他也去參加軍事幹校，正準備寫信去勸阻，但現在我覺得我的想法是錯了，我要鼓勵他去，我不能阻止他！」姚步青教師帶着顫抖的聲音說：「我的大兒子已經在我國人民志願部隊中工作，還有二個小兒子，等我好好教育長大後，也要獻給祖國。」快要結婚的沈皓明教師也一邊哭一邊說：「我願意拋棄家庭和愛人，到祖國最需要的地方去！」該校白玉琦校長，原是不太關心政治的一位天主教修士，這次也當場在「到最前綫去保衛祖國安全」的決心書上簽了名。教師們的話，使戰鬥隊員們也感動得很，在參加座談會的八十個師生中，有七十六個人閃着淚光，過去對參加軍幹校認識不清的同學的眼睛也紅了。這些激於熱愛祖國流出來的眼淚，替戰鬥隊員們帶來了無限力量。每個人都握緊了拳頭，在決心書上簽上了名字——「把一切獻給祖國！」從此，懷着各種不同思想動機參加戰鬥隊的隊員們，在愛國的同一洪流中匯合了。

會後，戰鬥隊員們分成四組，又把這些熾烈的愛國熱情帶向各個班級，很多同學聽了也跟着哭了，高一乙同學毛吉生，泣不成聲的到講台上，勉強說出了「我們大家都要愛國」幾個字，就低着頭下來了。高三甲同學事後，把常常玩的撲克牌撕掉，有的同學還組織了「後備隊」，表示誓做戰鬥隊的後盾，保證在校內搞好時事學習。初中一和初中二的小同學，分別組織了「小空軍」和「小海軍」，他們說：「大哥哥們去了，我們長大後也去！」之後，戰鬥隊員和同學們，又在各班級展開批評與自我批評，高二甲戰鬥隊中的青年團員蔣宗道，自己批評了自高自大，戰鬥隊中青年團員何介圭批判了自己「老介介」，同時都保證決心改過。同學們聽了也都自動站起來批評過去認識或作風的錯誤。有的班級沒有參加軍事幹校的同學，在戰鬥隊員的組織下，還分別討論「應該用什麼實際行動抗美援朝？」教師和同學都紛紛寫了決心書，就是過去最落後的高三第六小組，也保證堅決做參加軍幹校同學後盾，上課時去除胡調惡習，下課不打橋牌，不說下流話，搞好學習。有一個同學陳鴻生，在決心書上簽了名後，又看美國的黃色雜誌，回到家中睡在牀上痛苦的鬥爭着，整夜沒有合眼，到學校向同學說出後，才覺得鬆了一口氣。

戰鬥隊從此又由卅九人擴展到六十一人，其中也有天主教徒。戰鬥隊員們的愛國熱情教育了教師和同學，教師和同學的愛國熱情也同樣教育了戰鬥隊員。戰鬥隊隊長王道鈞，在上學期還是一個美國電影的崇拜者，在他住的房間內，牆上貼滿了美國電影明星的照片，身上全付都是「美式配備」，他過去常對人說：「中國的事情可以不知道，學校功課可以不知道，但美國電影明星的私生活不能不知道。」這些很深的奴化思想，直到了今年暑假，他的姊姊（共產黨員）從北京到上海，耐心教育後才逐步改變，通過這次運動，對祖國和美帝有了進一步認識，在他上星期申請入團的思想總結上寫着「鋼鐵是怎樣煉成的」中的一句話：「我整個的生命和精力，都已經獻給世界上最壯麗的事業——為人類的自由與解放而鬥爭！」當他一夜沒有睡覺寫完後，非但不覺得疲倦，反而覺得輕鬆和愉快。

在平時，戰鬥隊員還交流說服家庭的經驗，有個別隊員給家庭軟禁起來的，他們就組織了訪問隊去訪問。同時還發動同學向戰鬥隊員提意見，每個戰鬥隊員都表示虛心接受，保證到軍事幹校後一定好好學習，改正缺點，到祖國最需要的地方去，若條件不合，留在校內也一定安心學習改正缺點。留校隊員並準備和「後備軍」、「小海軍」、「小空軍」合併組織，繼續保持「聖芳濟戰鬥隊」的光榮稱號，作為團結全校師生走向抗美援朝前列的旗幟。

一向沉靜的聖芳濟中學，在戰鬥隊的推動下，現在已到處可以聽到「當祖國需要的時候」的歌聲。

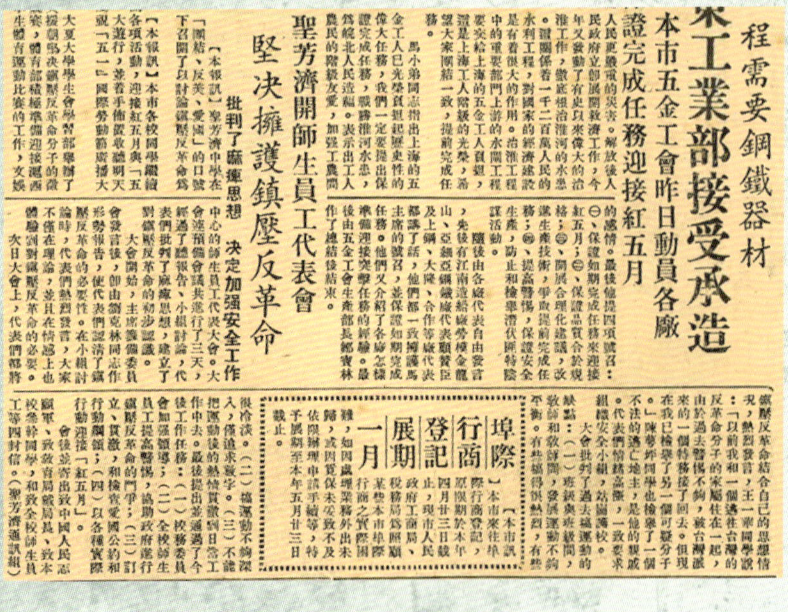

程需要鋼鐵器材

重工業部接受承造

本市五金工會昨日動員各廠

保證完成任務迎接紅五月

聖芳濟開師生員工代表會

堅決擁護鎮壓反革命

批判了麻痺思想　決定加強安全工作

【本報訊】聖芳濟中學在「團結、反美、愛國」的口號下召開了以討論鎮壓反革命為中心的師生員工代表大會。大會連預備會議共進行了三天，代表們批判了麻痺思想，經過了總報告、小組討論，建立了對鎮壓反革命的初步認識。

大會開始，主席團籌備委員會發言後，即由劉克林同志作形勢報告，使代表們認清了鎮壓反革命的必要性。在小組討論時，代表們熱烈發言，大家不僅在理論，並且在情感上也體驗到對鎮壓反革命的必要。次日大會上，代表們都將鎮壓反革命結合自己的思想情況，熱烈發言，王一寧同學說：「以前我和一個逃往台灣的反革命分子的家屬住在一起，由於過去警惕不夠，被台灣派來的一個特務接了回去。但現在我已檢舉了另一個可疑分子。」陳學鈞同學也檢舉了一個不法的逃亡地主，是他的親戚。代表們情緒高漲，一致要求組織安全小組，站崗護校。

大會批判了過去運動的缺點：（一）班級與班級間，教師和教師間，發展運動不夠平衡。有些搞得很熱烈，有些很冷淡。（二）搞運動不夠深入，僅追求數字。（三）不能把運動後的熱情貫徹到日常工作中去。最後提出並通過了今後工作任務：（一）校務委員會加強領導；（二）全校師生員工提高警惕，協助政府進行鎮壓反革命的鬥爭；（三）訂立、貫徹，和檢查愛國公約和行動綱領；（四）以各種實際行動迎接「紅五月」。會後並寄出致中國人民志願軍、致教育局長、致本校參幹同學，和致全校師生員工等四封信。（聖芳濟通訊組）

埠際行商登記展期一月

1951 年 4 月 24 日，在《文汇报》刊登的《圣芳济开师生员工代表会》报道中，提到了“学生参军参干，参加抗美援朝”的信息。

1951 年，圣芳济中学分校欢送参军参干同学。

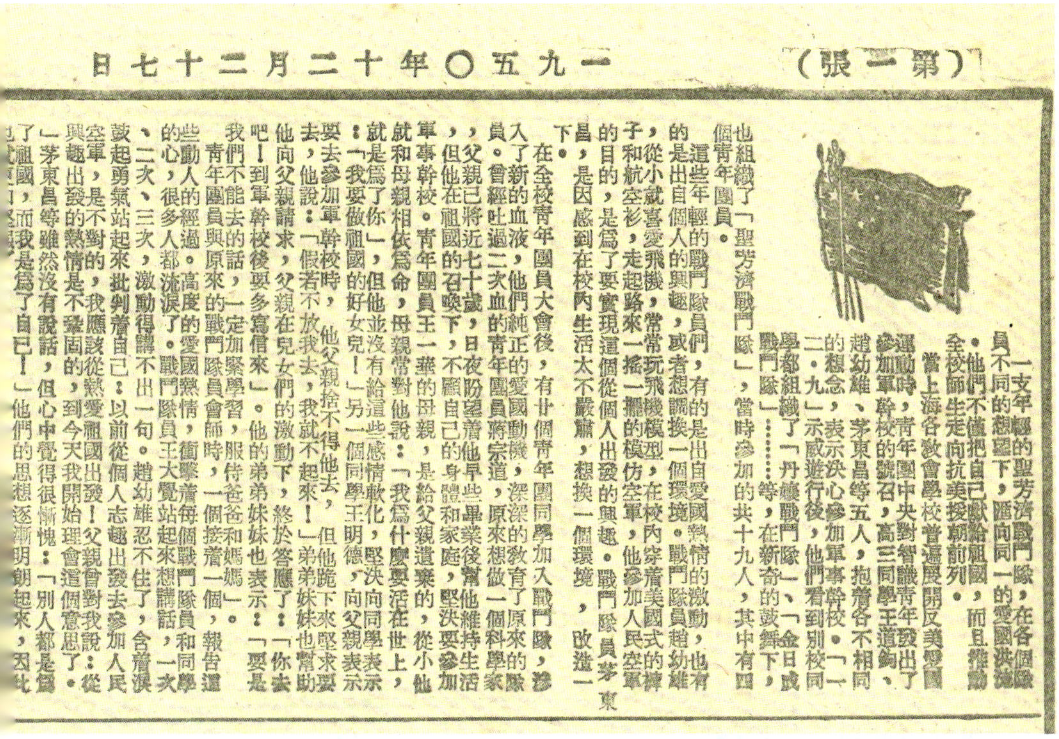

一九五〇年十二月二十七日　（第一張）

1950 年 12 月 27 日，《解放日报》刊登《圣芳济的战斗队》一文，介绍圣芳济中学团结全校师生开展抗美援朝运动。

1951 年 11 月 25 日，在《文汇报》刊登的《圣芳济中学的改造过程》报道中，再次提到了学校的抗美援朝工作。

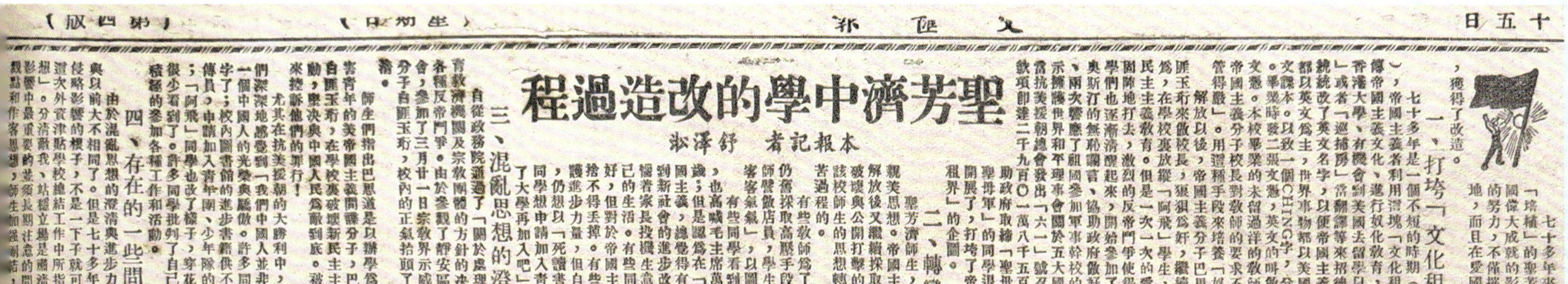

聖芳濟中學的改造過程

本報記者　舒澤淞

一、打垮「文化租界」

二、轉變時期中的痛苦

三、混亂思想的澄清

四、存在的一些問題

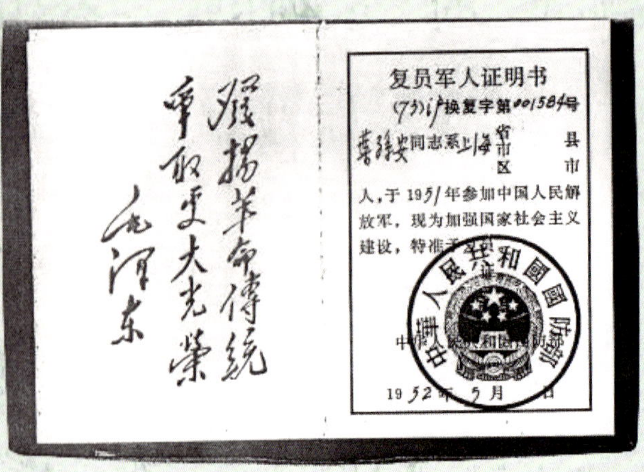

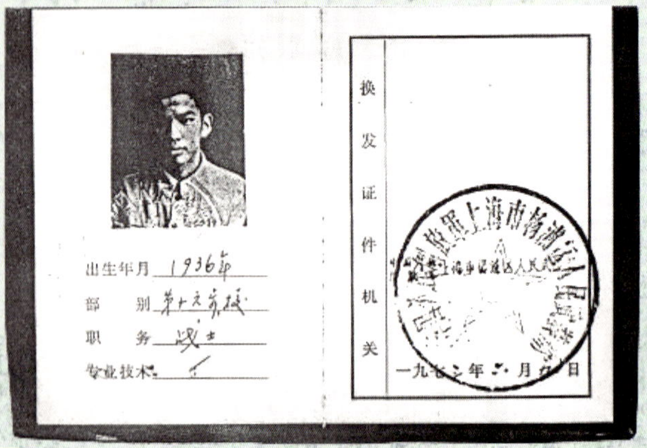

1951 年，时代中学高一学生叶孙安加入志愿军，被分配到步兵学校，投身抗美援朝运动。复员后，他边工作边学习，于 20 世纪 80 年代参与创建漕河泾开发区。图为叶孙安的复员军人证书和晚年发表的回忆文章

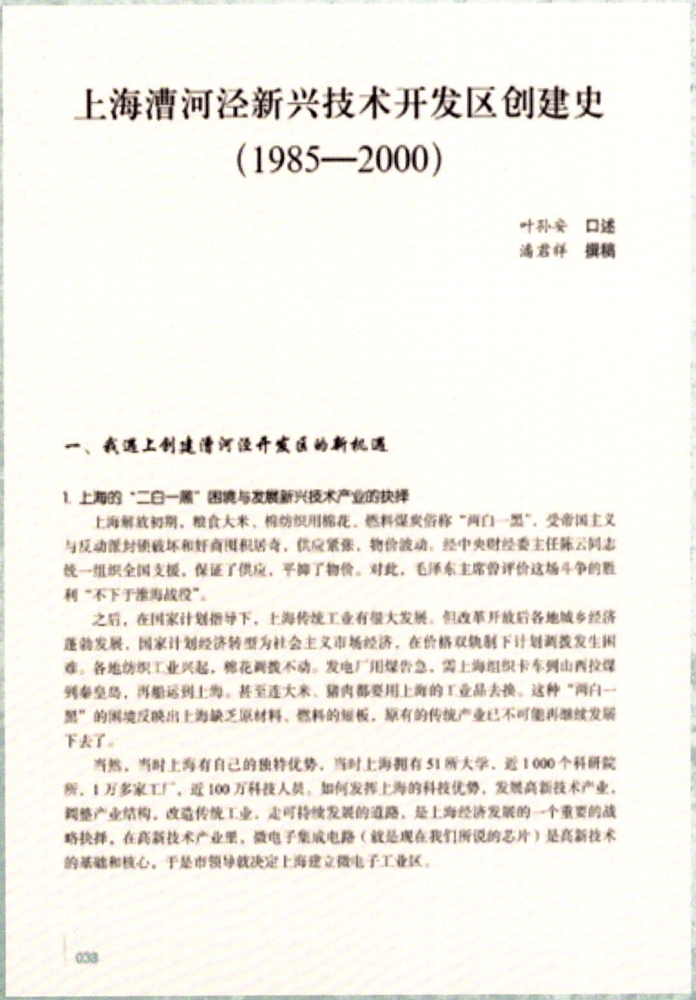

上海漕河泾新兴技术开发区创建史（1985—2000）

叶孙安 口述
潘君祥 撰稿

一、我遇上创建漕河泾开发区的新机遇

1. 上海的“二白一黑”困境与发展新兴技术产业的抉择

上海解放初期，粮食大米、棉纺织用棉花、燃料煤炭俗称“两白一黑”，受帝国主义与反动派封锁破坏和奸商囤积居奇，供应紧张，物价波动。经中央财经委主任陈云同志统一组织全国支援，保证了供应，平抑了物价。对此，毛泽东主席曾评价这场斗争的胜利“不下于淮海战役”。

之后，在国家计划指导下，上海传统工业有很大发展。但改革开放后各地城乡经济蓬勃发展，国家计划经济转型为社会主义市场经济，在价格双轨制下计划调拨发生困难。各地纺织工业兴起，棉花调拨不动。发电厂用煤告急，需上海组织卡车到山西拉煤到秦皇岛，再船运到上海。甚至连大米、猪肉都要用上海的工业品去换。这种“两白一黑”的困境反映出上海缺乏原材料、燃料的短板，原有的传统产业已不可能再继续发展下去了。

当然，当时上海有自己的独特优势，当时上海拥有 51 所大学、近 1 000 个科研院所、1 万多家工厂、近 100 万科技人员。如何发挥上海的科技优势，发展高新技术产业，调整产业结构，改造传统工业，走可持续发展的道路，是上海经济发展的一个重要的战略抉择。在高新技术产业里，微电子集成电路（就是现在我们所说的芯片）是高新技术的基础和核心。于是市领导就决定上海建立微电子工业区。

038

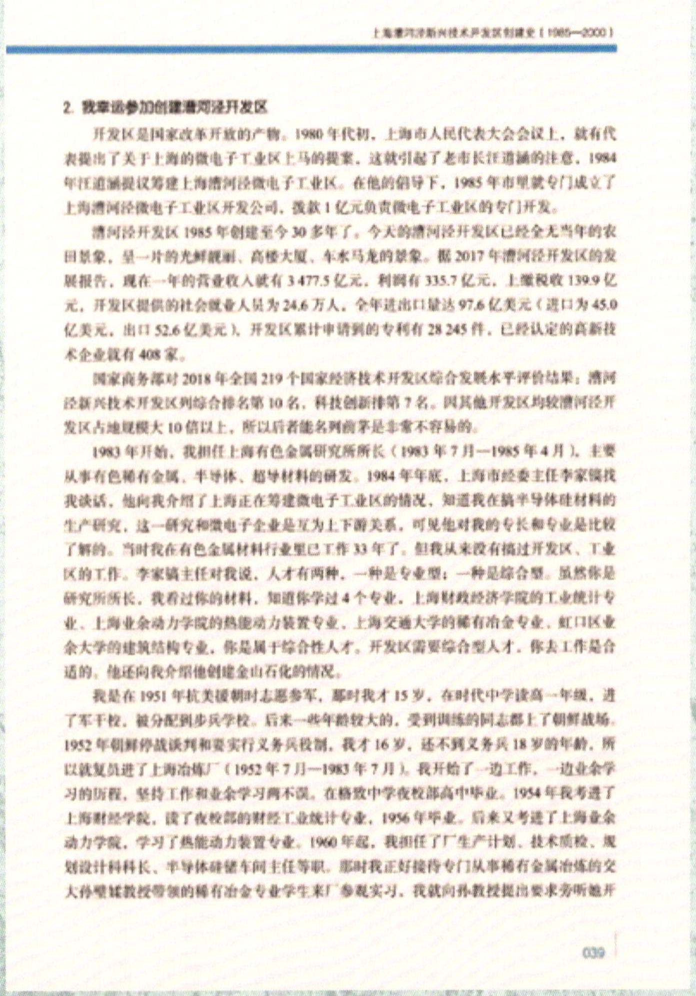

上海漕河泾新兴技术开发区创建史（1985—2000）

2. 我幸运参加创建漕河泾开发区

开发区是国家改革开放的产物。1980 年代初，上海市人民代表大会会议上，就有代表提出了关于上海的微电子工业区上马的提案，这就引起了老市长汪道涵的注意。1984 年汪道涵提议筹建上海漕河泾微电子工业区。在他的倡导下，1985 年市里就专门成立了上海漕河泾微电子工业区开发公司，拨款 1 亿元负责微电子工业区的专门开发。

漕河泾开发区 1985 年创建至今 30 多年了。今天的漕河泾开发区已经全无当年的农田景象，呈一片的光鲜靓丽、高楼大厦、车水马龙的景象。据 2017 年漕河泾开发区的发展报告，现在一年的营业收入就有 3 477.5 亿元，利润有 335.7 亿元，上缴税收 139.9 亿元，开发区提供的社会就业人员为 24.6 万人，全年进出口量达 97.6 亿美元（进口为 45.0 亿美元，出口 52.6 亿美元），开发区累计申请到的专利有 28 245 件，已经认定的高新技术企业就有 408 家。

国家商务部对 2018 年全国 219 个国家经济技术开发区综合发展水平评价结果：漕河泾新兴技术开发区列综合排名第 10 名，科技创新排第 7 名。因其他开发区均较漕河泾开发区占地规模大 10 倍以上，所以后者能名列前茅是非常不容易的。

1983 年开始，我担任上海有色金属研究所所长（1983 年 7 月—1985 年 4 月），主要从事有色稀有金属、半导体、超导材料的研发。1984 年年底，上海市经委主任李家镐找我谈话，他向我介绍了上海正在筹建微电子工业区的情况，知道我在搞半导体硅材料的生产研究，这一研究和微电子企业是互为上下游关系，可见他对我的专长和专业是比较了解的。当时我在有色金属材料行业里已工作 33 年了，但我从来没有搞过开发区、工业区的工作。李家镐主任对我说，人才有两种，一种是专业型；一种是综合型。虽然你是研究所所长，我看过你的材料，知道你学过 4 个专业，上海财政经济学院的工业统计专业、上海业余动力学院的热能动力装置专业、上海交通大学的稀有冶金专业、虹口区业余大学的建筑结构专业，你是属于综合性人才。开发区需要综合型人才，你去工作是合适的。他还向我介绍他创建金山石化的情况。

我是在 1951 年抗美援朝时志愿参军，那时我才 15 岁，在时代中学读高一年级，进了军干校，被分配到步兵学校。后来一些年龄较大的，受到训练的同志都上了朝鲜战场。1952 年朝鲜停战谈判和要实行义务兵役制，我才 16 岁，还不到义务兵 18 岁的年龄，所以就复员进了上海冶炼厂（1952 年 7 月—1983 年 7 月）。我开始了一边工作，一边业余学习的历程，坚持工作和业余学习两不误。在格致中学夜校部高中毕业。1954 年我考进了上海财经学院，读了夜校部的财经工业统计专业，1956 年毕业。后来又考进了上海业余动力学院，学习了热能动力装置专业。1960 年起，我担任了厂生产计划、技术质检、规划设计科科长、半导体硅锗车间主任等职。那时我正好接待专门从事稀有金属冶炼的交大孙璧媃教授带领的稀有冶金专业学生来厂参观实习，我就向孙教授提出要求旁听她开

039

参加朝鲜停战谈判工作的回忆

过家鼎

1948 年我从上海圣芳济中学毕业考入复旦大学外文系。我的志愿就是通过学习和掌握外文来报效祖国。从板门店谈判开始的工作使我义无反顾地走上了外交工作岗位，把自己的前途和祖国的命运紧密地联系在一起。在板门店六年半的中国人民志愿军军旅生涯是我一生中最难忘的一段经历。

年逾古稀，回忆往事，感慨万千。

冒着烽火到开城

1950 年 6 月 25 日，震惊世界的朝鲜战争爆发了。美国利用当时的局势，悍然派兵对朝鲜进行武装干涉，发动对朝鲜的全面战争，同时派遣其第七舰队入侵台湾海峡。侵朝美军在“联合国军”的旗帜下，不顾中国政府的多次警告，越过三八线，直逼中朝边境，并出动飞机轰炸我东北边境的城

▼ 本文作者摄于朝鲜停战前。

过家鼎（1936—2016），上海人，笔名佳丁，资深翻译家，外交部外语专家。1948 年毕业于圣芳济中学，因扎实的外语基础，报考进入复旦大学，毕业后参与了抗美援朝停战谈判工作。

第四节　时代寻踪

老树展新枝。1953 年，时代中学北校改名北虹中学，南校继续沿用时代中学名称。两校的办学宗旨向荣向上，求新求稳，更展新姿。经过 70 年的发展，此时的时代中学，已成为上海市唯一一所位于中心城区、面向全市招生的寄宿制初级中学，教育理念现代化、学校管理规范化、教育质量优质化、设施设备标准化，倡导“封闭式管理，开放式办学”的教育管理模式。

延安中路 1157 弄 40 号时代中学大门

1953 年私立时代中学北校优秀同学合影

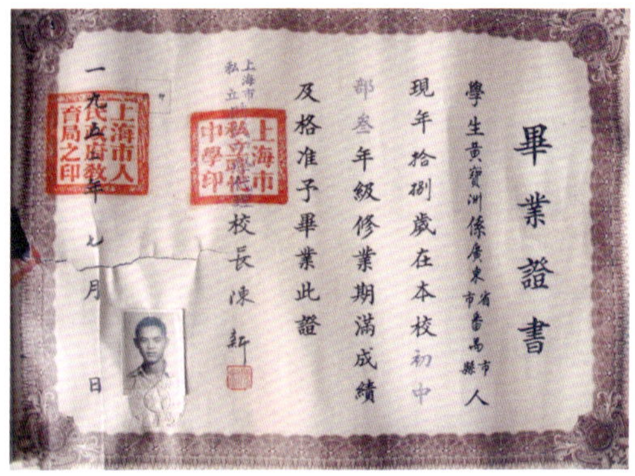

1952 年 7 月上海市私立时代中学开具的学生毕业证书

1953 年落成的时代中学新校舍

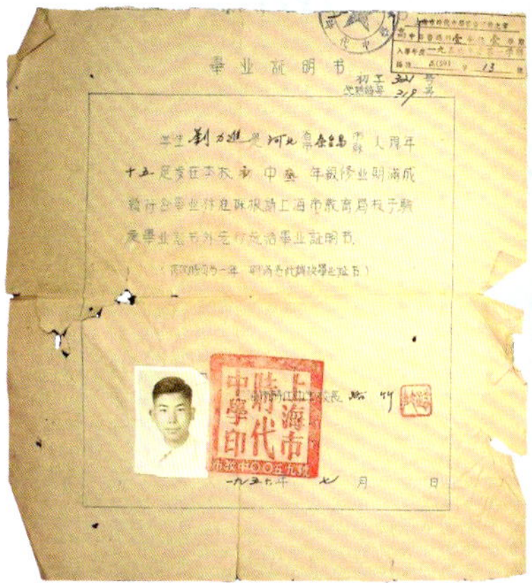

1956 年时代中学开具的毕业证明书

1956 年时代中学颁发的毕业证书

1957 年时代中学高中毕业生合影

1959年，常熟中学并入时代中学，学校规模进一步扩大。1960年，延安中路校舍被南京军区征用，时代中学迁往南京西路成都路西北角（原为盛宣怀公馆）。

时代中学搬迁后，南京军区建造延安饭店，原校舍曾长期作为饭店行政办公楼使用。20世纪90年代末，时代中学延安中路校舍被拆除。

1966年8月，时代中学迁至武定路476号。
图为20世纪70年代武定路学校大门

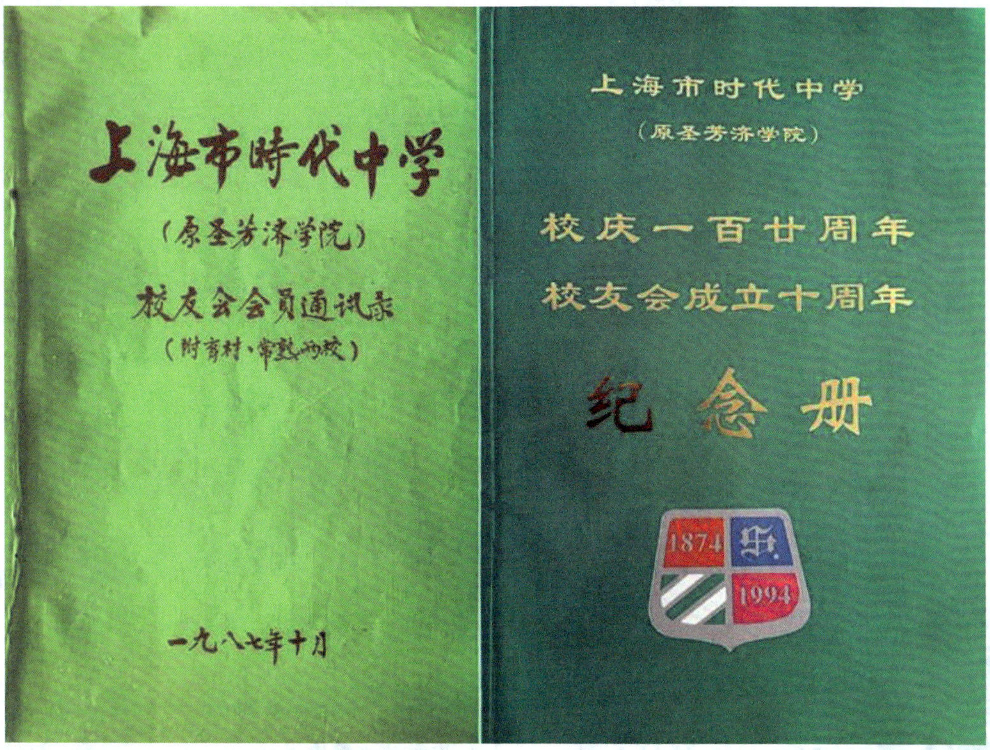

作为与北虹中学同根同源的兄弟学校，时代中学也走出了一大批著名校友，包括著名电影导演吴贻弓、排坛名将祝嘉铭、集邮家唐无忌、社会学家瞿世镜等。时代中学不仅把圣芳济视为学校前身，也成立了自己的校友会，欢迎来自四面八方的圣芳济学子。

第三章

教育的春天

教育是属于未来的事业，办学永远是对未来的追求。

1953 年 8 月 16 日，上海市北虹中学建校。其后，学校贯彻党中央德、智、体全面发展的社会主义教育方针和教育部制定的《全日制中学工作条例》，明确学校工作以教学为中心，为高等学校输送了大批合格人才。然而，从 20 世纪 60 年代到 70 年代初，我国政治运动不断，北虹也没能置身其外，学校一度停课；但在学校工作中，对学生的教育仍然没有停止，师生与祖国同呼吸、共命运。

岁月蹉跎。20 世纪 80 年代，邓小平同志做出教育“面向现代化、面向世界、面向未来”指示后，上海教育界思想活跃，质量观、人才观、办学观、教学观均不断更新；1985 年，上海市颁布第一部地方性教育规章《上海市普及义务教育条例》；1986 年，《中华人民共和国义务教育法》公布，上海又颁布《上海市普及义务教育条例实施细则》，“教育为立国之本”的观念开始确立。

自学校被列为虹口区重点中学后，北虹复萌生机，重树优良校风，提出“学会学习，善于适应，勇于创造”的校训。学校教书育人的使命开始全面回归，并进一步更新理念、转换思路、再创辉煌。学校在加强思想教育和提高教学质量方面积累了比较系统的经验，促进了学生德、智、体、美、劳全面发展。1985 年 5 月，学校举办了第一届“北虹之春”文艺汇演。1989 年，学校被命名为“上海市船模体育传统学校”。20 世纪 90 年代，上海教育改革向纵深发展，继续推进课程教材改革，学校被市、区定为实行课程教材改革综合试点单位，1998 年被市教委确定为“上海市中小学课程教材改革研究基地”。

百年名校迎来了教育的春天。

3

第一节　浦江之滨

学校沐浴着新中国灿烂的阳光，在社会主义金光大道上开拓前进。

1953 年 8 月 16 日，经上海市教育局批准，时代中学改为公办，并决定南校、北校各自单独办学。位于延安中路的南校沿用时代中学校名，北校因地处虹口，更名为上海市北虹中学，以 8 月 16 日为校庆日，首任校长为郑凤章。为加强学校领导力量，中共北虹支部于同一年宣告成立。

北虹中学建校，全校教工欢欣鼓舞，学校发展更呈蒸蒸日上之势。正所谓“不畏浮云遮望眼”，全体师生以国家民族为己任，以社会责任为担当，坚守教育本真。为接纳更多学生入学，学校不久又扩建了北大楼校舍。至1956 年，北虹中学已成为拥有 47 个班级、2600 余名在校学生的大型完全中学。

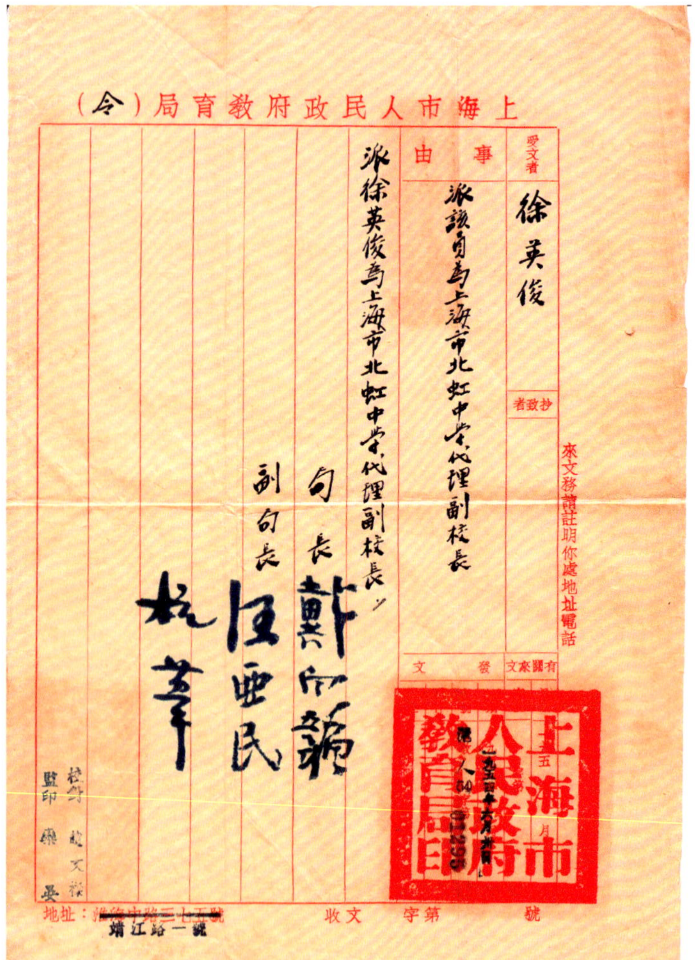

上海市人民政府教育局（令）

受文者：徐英俊

事由：派該員為上海市北虹中學代理副校長

抄致者

派徐英俊為上海市北虹中學代理副校長

局長 戴白韜

副局長 汪西民 杭葦

來文務請註明你處地址電話

上海市人民政府教育局印

地址：~~淮海中路三七五號~~ 靖江路一號

上海市人民委員會

任命通知書

滬會人字第0665號

茲任命徐英俊為上海市北虹中學副校長

特此通知

市長 陳毅

一九五六年九月一日

1953 年 8 月，时代中学北校单独办学，更名为上海市北虹中学。图为北虹中学首任副校长徐英俊的任命书

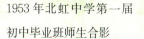

1953 年北虹中学第一届
初中毕业班师生合影

1957 年北虹中学第一届高中毕
业班师生合影

1958 年北虹中学高三（1）班全体同学合影

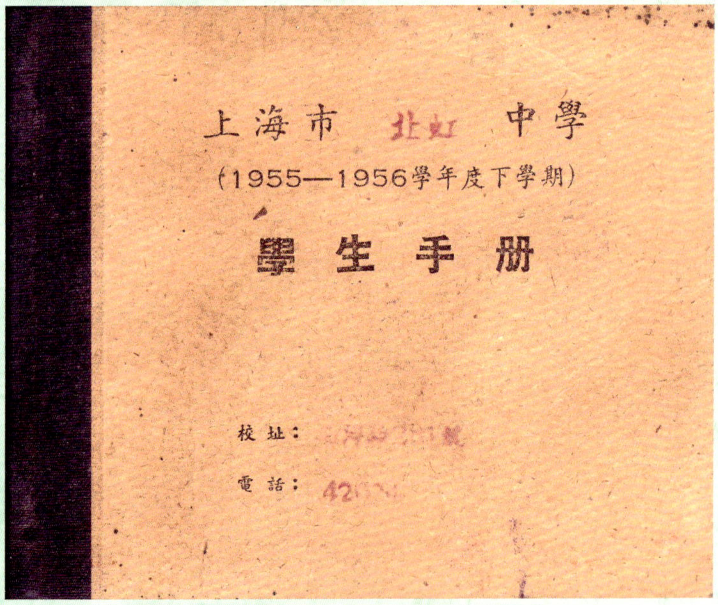

20 世纪 50 年代北虹中学学生手册

20 世纪 60 年代北虹中学教师工作证和工会会员证

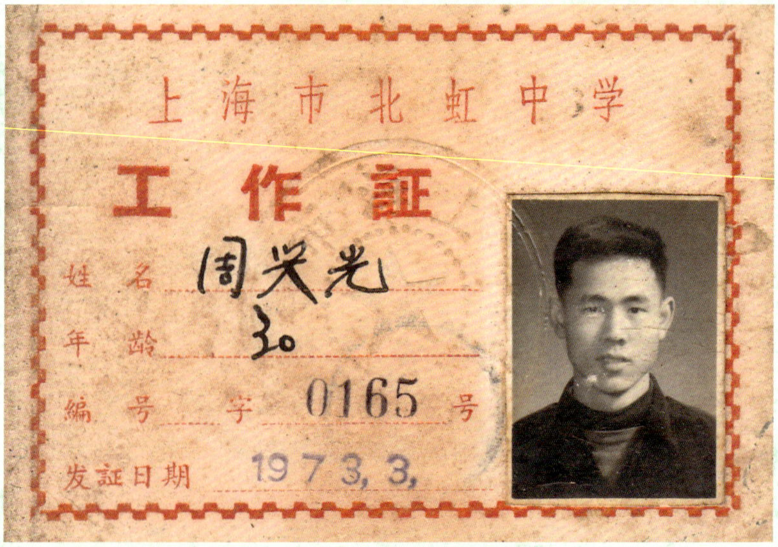

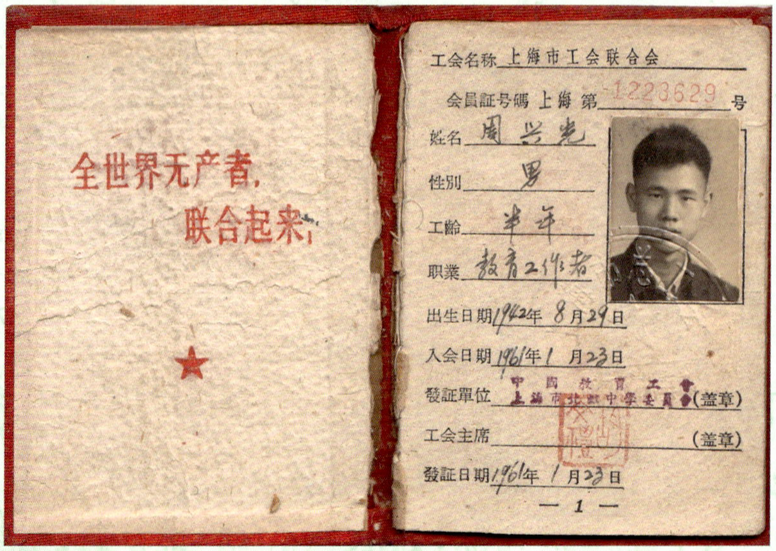

毕业証书

学生陳兴一是河南省息县人，現年十四岁，在本校初中部修业期满，成绩合格，准予毕业。此証。

上海市北虹中学 校长 徐英俊

副校長 汪子青

1961 年 7 月 日

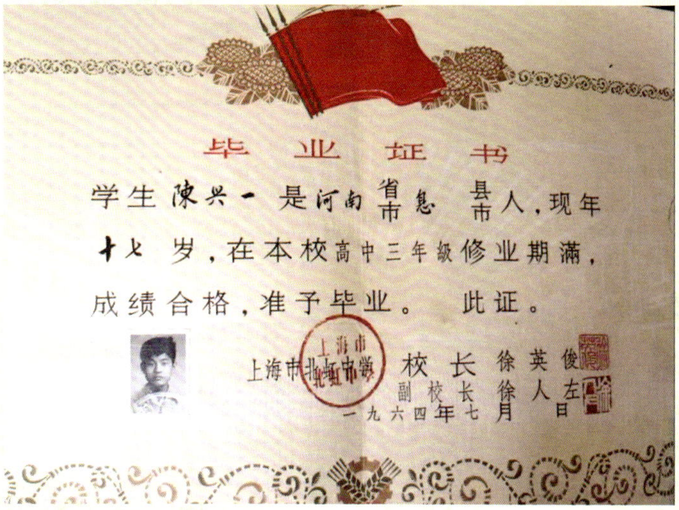
毕业证书

学生陳兴一是河南省息县人，现年十七岁，在本校高中三年级修业期满，成绩合格，准予毕业。此证。

上海市北虹中学 校长 徐英俊

副校长 徐人左

一九六四年七月 日

20 世纪 60 年代北虹中学颁发的初中毕业证书、高中毕业证书

“文革”结束后，北虹中学逐渐恢复正常的教学秩序。图为当时北虹中学校门

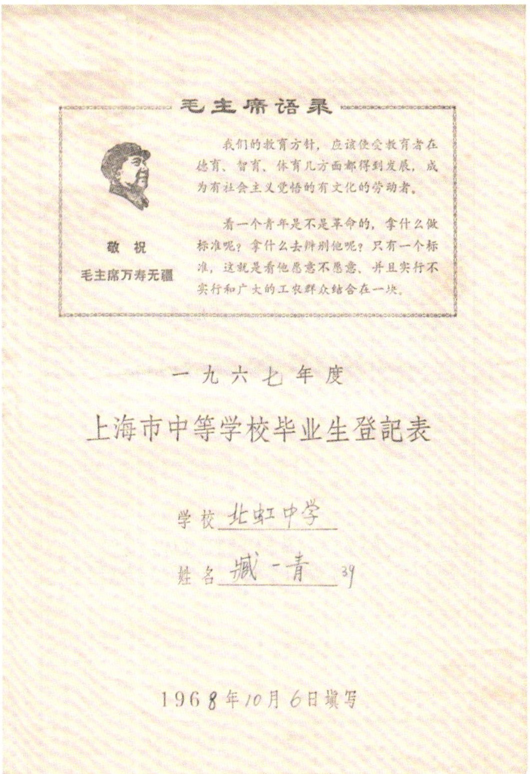
毛主席语录

我们的教育方针，应该使受教育者在德育、智育、体育几方面都得到发展，成为有社会主义觉悟的有文化的劳动者。

看一个青年是不是革命的，拿什么做标准呢？拿什么去辨别他呢？只有一个标准，这就是看他愿意不愿意、并且实行不实行和广大的工农群众结合在一块。

敬祝

毛主席万寿无疆

一九六七年度

上海市中等学校毕业生登記表

学校 北虹中学

姓名 臧一青 39

1968 年 10 月 6 日填写

1968 年北虹中学毕业生登记表

1984年建校110周年之际，时任全国人大常委会副委员长、圣芳济校友朱学范同志为北虹中学题写校名。图为新校牌揭牌仪式现场

历经沧桑的学校教学大楼，1980 年重新修缮，1987 年恢复钟楼原貌。

1989 年北虹中学 115 周年校庆全体教职工合影

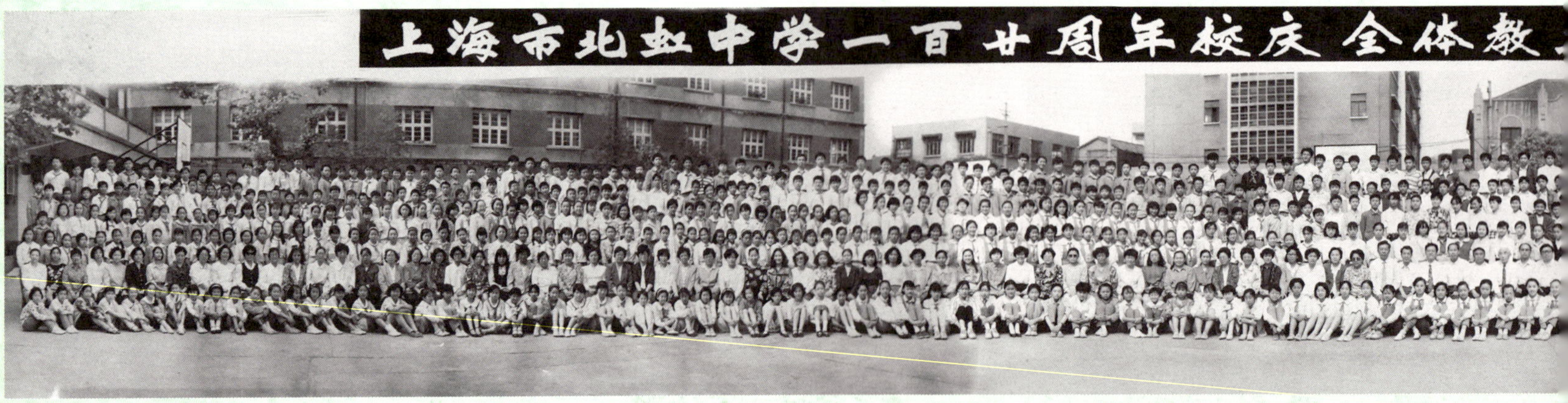

1994 年北虹中学 120 周年校庆全体教职工与初中部、高中部学生合影

2004 年北虹中学 130 周年校庆

全体师生合影

第二节　德育为先

百年大计，教育为本，德育为先。全面贯彻党的教育方针，就是要解决好培养什么人、怎样培养人、为谁培养人这个根本问题。

改革开放的大潮，孕育了北虹的腾飞。北虹中学以思想政治教育为引领，以团队工作为抓手，引导学生树立正确的世界观、人生观、价值观，扣好人生的第一粒扣子，培养出爱党、爱国、爱人民的社会有用之才，让学生具有良好的思想品质和才华，让每一位学生都能昂首挺胸地走向社会。1992 年，北虹中学被上海市教育局授予“中学生行为规范示范学校”称号。

20 世纪 80 年代起，学校定期召开德育工作会议。

学校开展学习张海迪精神讨论会

一批又一批优秀青年学生加入共青团组织

学生代表大会是代表学生的群众组织，是学校联系学生的桥梁和纽带，是学生参与学校民主管理和民主监督的基本方式。北虹中学较早召开学生代表大会，组织学生积极参与学校的各项工作。图为1991年北虹中学学生代表大会开幕式现场

锻炼身体、保卫祖国，学校利用假期开展学生军训活动。

学校积极参与虹口区国防教育活动

学校开展以德育教育
为主题的夏令营

欢度 14 周岁集体生日的北虹学子

举办理想之光诗歌朗诵会

1995年2月，电视剧《孽债》主人公“小美霞”的扮演者董蓉蓉校友与北虹中学知青子女开展共话新学期活动。

开展学农、学工活动，体验劳动的意义。

培养学生的动手能力，掌握一定的技能，是北虹德育教育的特色。

学生在社区参加劳动

学校组织学生参加学雷锋活动

第三节　教学相长

回归教学，强基固本。北虹建校，延续了百年学府的深厚历史，铺垫了教学转型的辉煌征途。北虹中学重视对学生能力的培养和智力的发展，锐意进取，坚持以特色办学为引领，注重学校内涵式发展，在全方位、多侧面、重动态、强实践等方面勇于探索和尝试，积极推进课程建设和课堂教学改革，向教育要质量。

1978 年春，虹口区教育局将北虹中学列入区重点中学；1991 年 3 月，上海市教育局批准北虹中学为“上海市中小学课程教材改革整体试验学校”……属意学生发展，开发课程资源；引导学生兴趣，回归教育本源——从区重点到实验学校，北虹始终走在课程改革和教学转型的前列。

1991 年 6 月，北虹中学作为上海市课程教材改革试验学校，召开课程教材整体试验工作深入动员暨参试人员聘任大会。

1992 年，课改试验第一年。

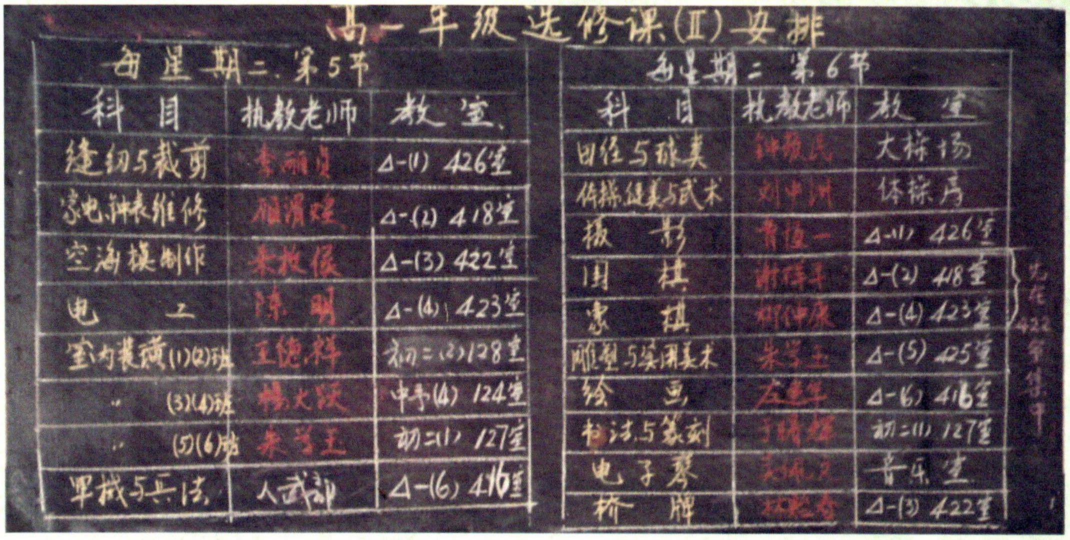

学校开设特色选修课，改变了以往填鸭式教育的刻板模式。

英俄双外语教学实验班

政治课改革

学生排演英语课本剧《百万英镑》

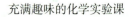

充满趣味的化学实验课

耐心细致的篆刻小组

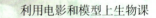

利用电影和模型上生物课

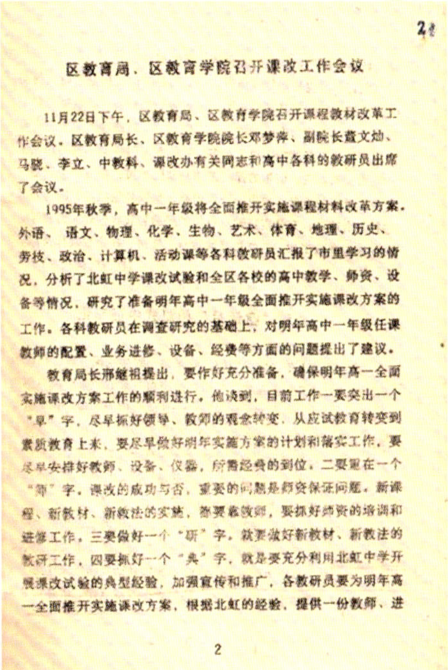

2

区教育局、区教育学院召开课改工作会议

11月22日下午，区教育局、区教育学院召开课程教材改革工作会议。区教育局长、区教育学院院长邓梦萍、副院长蠡文灿、马骁、李立、中教科、课改办有关同志和高中各科的教研员出席了会议。

1995年秋季，高中一年级将全面推开实施课程材料改革方案。外语、语文、物理、化学、生物、艺术、体育、地理、历史、劳技、政治、计算机、活动课等各科教研员汇报了市里学习的情况，分析了北虹中学课改试验和全区各校的高中教学、师资、设备等情况，研究了准备明年高中一年级全面推开实施课改方案的工作。各科教研员在调查研究的基础上，对明年高中一年级任课教师的配置、业务进修、设备、经费等方面的问题提出了建议。

教育局长邢继祖提出，要作好充分准备，确保明年高一全面实施课改方案工作的顺利进行。他谈到，目前工作一要突出一个“早”字，尽早抓好领导、教师的观念转变，从应试教育转变到素质教育上来，要尽早做好明年实施方案的计划和落实工作，要尽早安排好教师、设备、仪器，所需经费的到位。二要重在一个“师”字，课改的成功与否，重要的问题是师资保证问题。新课程、新教材、新教法的实施，都要靠教师，要抓好师资的培训和进修工作，三要做好一个“研”字，就要做好新教材、新教法的教研工作，四要抓好一个“典”字，就是要充分利用北虹中学开展课改试验的典型经验，加强宣传和推广，各教研员要为明年高一全面推开实施课改方案，根据北虹的经验，提供一份教师、进

2

1994年，虹口区《课程改革简报》刊登“课改工作会议”报道，推广北虹中学第一期课程改革试验的典型经验。

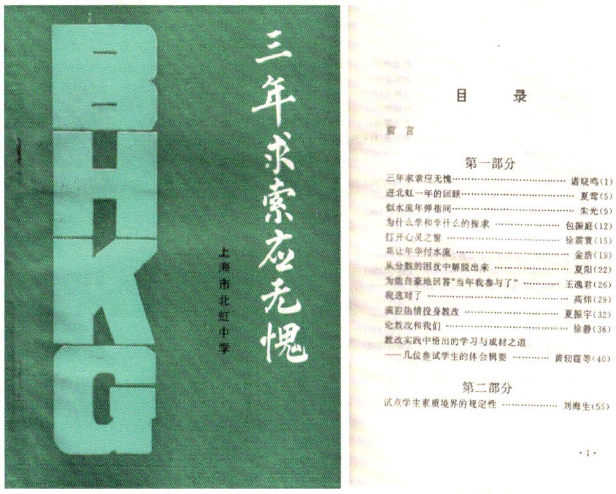

目　录

·1·

北虹中学第一期课程改革阶段性成果——《三年求索应无愧》文集

1994年10月首轮课改总结汇报会

通过课改，喜结硕果，2002届北虹学子罗冰清（左）、叶盛文考入北京大学。时任北京大学校长许智宏给北虹中学写了感谢信。

第四节　文体之光

全面发展，文体争优。一所有特色的学校，首先应该具有自身的特色课程。因为特色课程是学校特色的主要载体，是学校文化内涵最为丰富的组成部分。而寓教于乐，通过艺术和美的形式进行教育，可以使学习变得更加有趣和愉快，进一步激发学生的积极性，提高学习效率。

在学校的大力推动下，北虹中学在加强常规教学的同时，辅之以培养学生兴趣的文体活动和各学科课外活动。学校坚持树立健康第一的教育理念，帮助学生在体育锻炼中增强体质、健全人格、锤炼意志，全面加强和改进学校美育，坚持以美育人、以文化人，营造浓厚的体育与艺术教育氛围，形成了自己的办学特色。

20 世纪 60 年代初，北虹校友戚德星打破航模世界纪录，获得国家颁发的“体育荣誉奖章”。

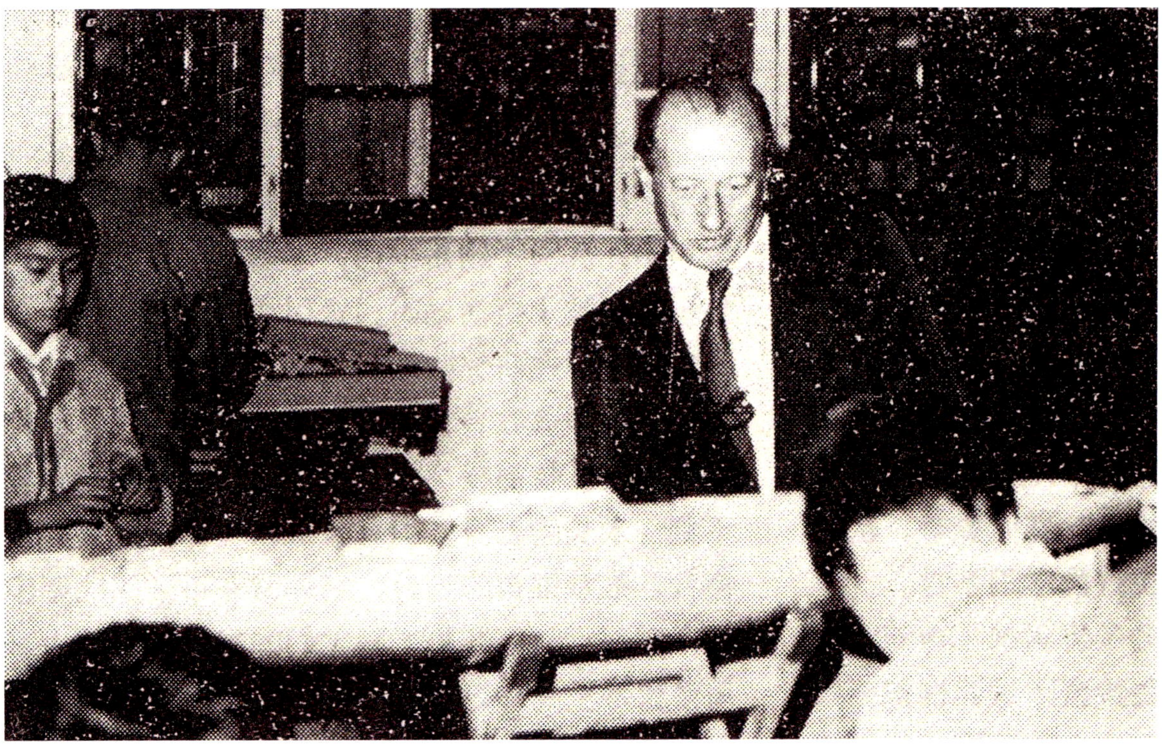

1980 年 9 月，世界航海模型联合会主席莫里斯·弗兰克来北虹访问，对学生制造的船模赞不绝口。

1979年，北虹中学朱勤国老师参加第四届全运会，荣获无线电遥控船模冠军。

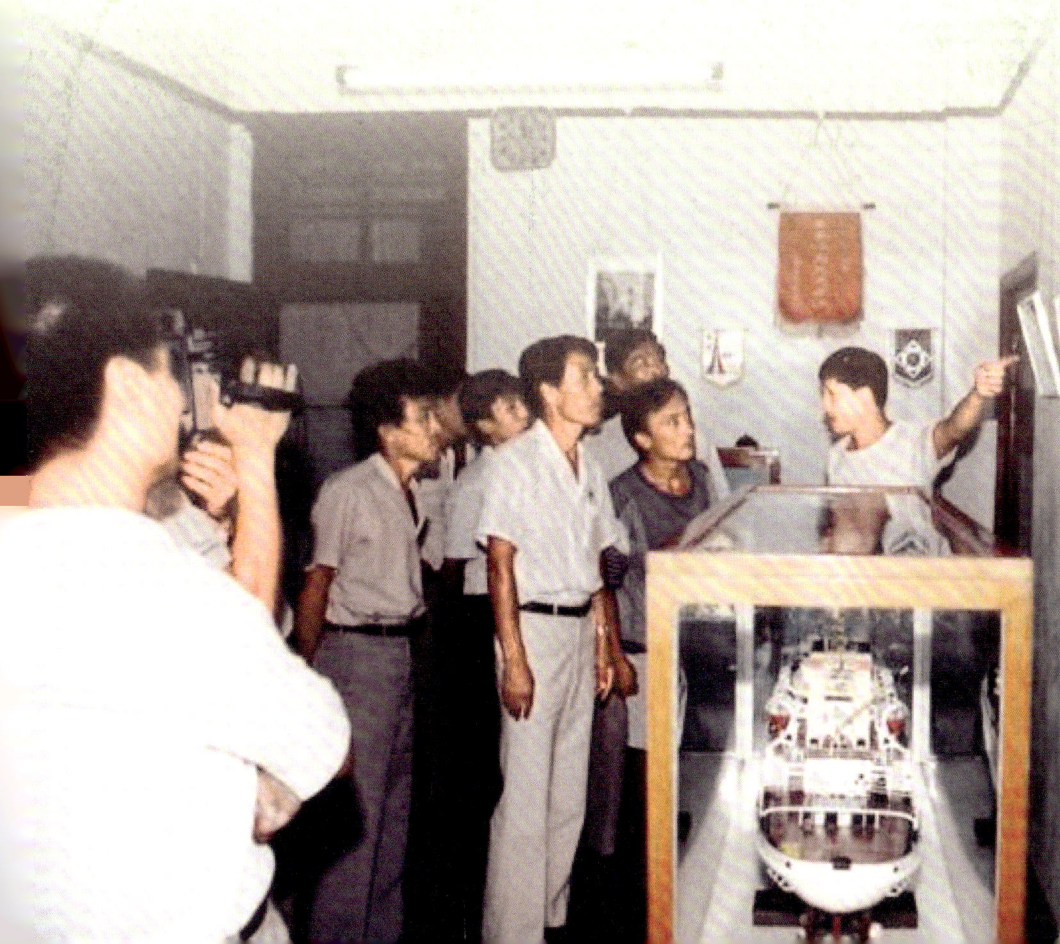

进入20世纪80年代，航模活动已成为北虹中学的特色项目。1989年春，北虹被命名为“上海市船模体育传统学校”；1991年，被命名为“上海市体育传统项目学校（空海模）”；1997年10月，北虹中学成为上海市航空模型协会团体会员单位。

学校航模参加全国比赛

1981 年《航海杂志》报道照片。

北虹中学有个「造船厂」

本报記者 晨康

制造小艦船，是北虹中学同学們一項最喜爱的活动。在課余活动时間，在艦模制作室里，小造船家們在忙碌着，有的造船身，有的造了炮台、艦炮，还有人拿着电烙铁，像个熟練的电焊工人，進行焊接。制作室里工具齐备，有鉋刀、鋸子、鉗台……俨像一个造船厂。

艦模比賽 总分第一

1956年全市艦船模型測驗中，北虹中学艦船模型小組获得了总分第一，共得八个优秀奖，其中有四个是第一名，去年夏天的全市艦模选拔賽中該校学生又获得优胜。得奖艦船有电动战列艦、护航艦、裝甲艇以及先鋒号帆船，都是同学們亲手制作的。

造艘巡洋艦 費时三个月

艦模小組自获得全市优胜荣誉后，对制造各种艦模更加有劲了。去年底，朱明亂、石水健等八个同学又完成一艘新艦艇，这是艘漆着浅灰色崭新的巡洋艦。制造这种模型，并不容易，原图样上的艦身長一点五十公尺，但按新規定要缩有一点二十公尺，因此艦上的指揮台、炮身、駕駛室等装置也都要按比例缩小，这样，他們就用得着代数、几何、物理的科学知識了，当然还少不了要請老師指点，足足一个星期，他們才把新图样設計好，花了三个月的时間才把它造好。

造好巡洋艦以后，他們又动工兴造一辆有趣的水上自行車。水上自行車共長三点六十公尺，寬一点四十公尺，可乘兩个人。去年，高中部学生史奕哉、石水健、袁瑞济等八人从"科学大众"上看到圖片，就計算出排水量、确定車身長度，开始趕造。車架是利用石水健同学的旧脚踏車，鋸掉兩个車輪，裝上根自来水管，又連夜跑到电焊店請教焊接技术，把水上自行車造好。

1958 年 2 月 15 日，《新民晚报》刊登《北虹中学有个"造船厂"》报道。

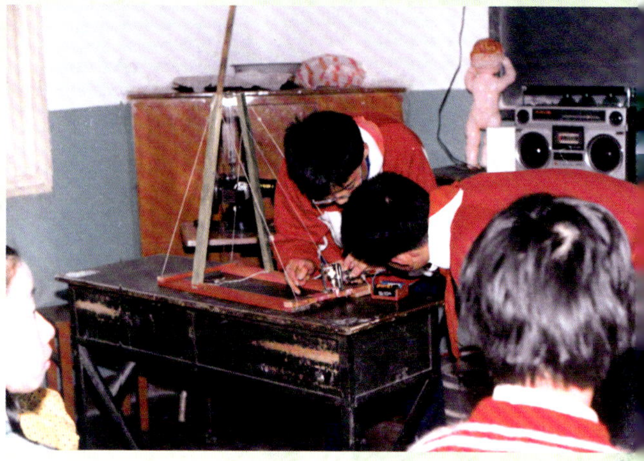

意气风发的航模队（从左起：王彦、高俊、陆炜峰、朱勤国、陆珉、姚文凯、朱枚侯、周琪、王飙、吴斌）

北虹中学历年运动会现场

学校艺术体操队

学校运动会花絮：
裁判组与运动员

1985 年 5 月举办“北虹之春”文艺汇演

1994 年 6 月 1 日，第九届“北虹之春”艺术节闭幕式上铜管乐队合奏《拉德茨基进行曲》。

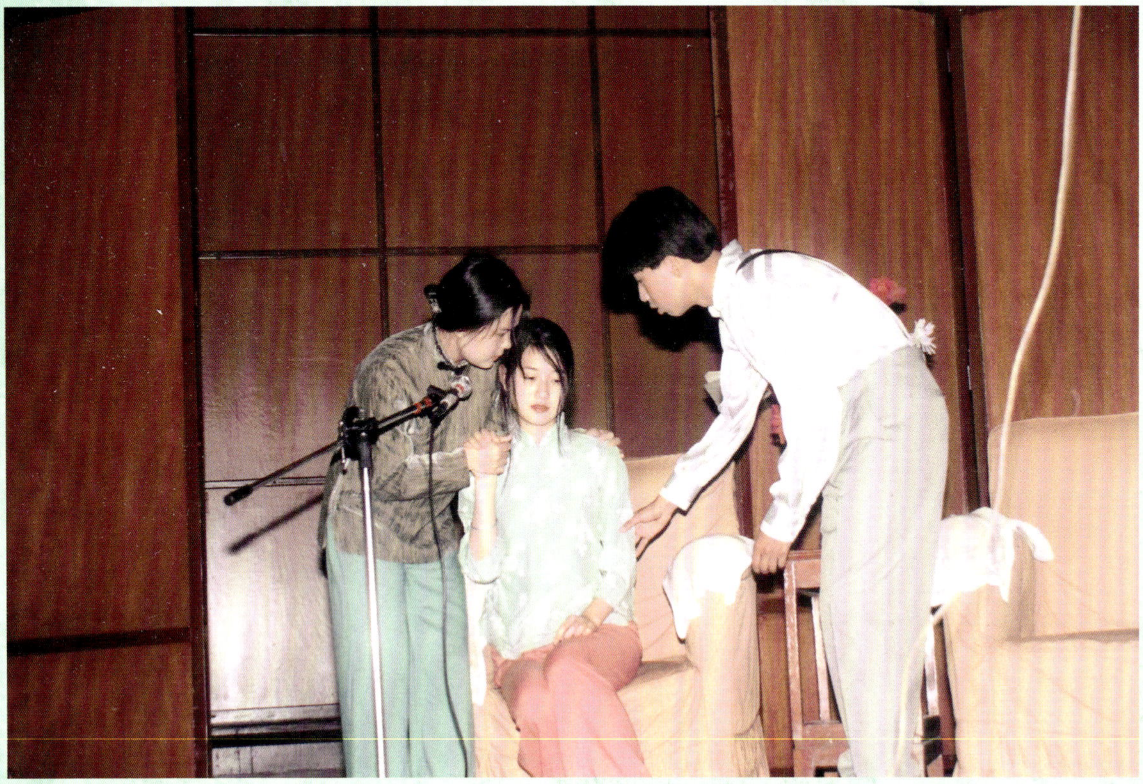

第九届“北虹之春”艺术节闭幕式上的话剧《雷雨》

1995 年 6 月 9 日，第十届“北虹之春”艺术节闭幕式上主持人和工作人员合影。

第十届“北虹之春”艺术节闭幕式上，中预年级合唱《八只小鹅》。

1996年5月24日，第十一届“北虹之春”艺术节闭幕式上女声二重唱《草原上的家》。

第十一届“北虹之春”艺术节闭幕式上，表演民族舞蹈《撒扇》。

1998年5月11日，第十三届“北虹之春”艺术节闭幕式上管乐队演奏。

20世纪90年代，学校管乐队参加区、市级各种活动。

1994年9月15日，北虹中学与上海戏剧学院签订协议，双方建立重点联系。

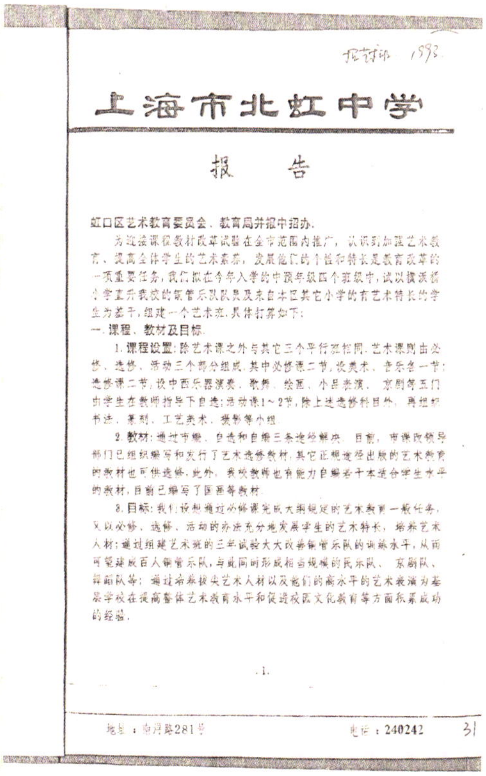

报存 1993

上海市北虹中学

报　告

虹口区艺术教育委员会、教育局并报中招办：

为迎接课程教材改革试验在全市范围内推广，认识到加强艺术教育、提高全体学生的艺术素养，发展他们的个性和特长是教育改革的一项重要任务，我们拟在今年入学的中预年级四个班级中，试以横浜桥小学直升我校的军管乐队队员及来自本区其它小学的有艺术特长的学生为基干，组建一个艺术班，具体打算如下：

一、课程、教材及目标

1. 课程设置：除艺术课之外与其它三个平行班相同，艺术课则由必修、选修、活动三个部分组成，其中必修课二节，设美术、音乐各一节；选修课二节，设中西乐器演奏、歌舞、绘画、小品表演、京剧等五门由学生在教师指导下自选；活动课1～2节，除上述选修科目外，再组织书法、篆刻、工艺美术、摄影等小组。

2. 教材：通过市编、自选和自编三条途径解决。目前，市课改领导部门已组织编写和发行了艺术选修教材，其它正规途径出版的艺术教育的教材也可供选修，此外，我校教师也有能力自编若干本适合学生水平的教材，目前已编写了国画等教材。

3. 目标：我们设想通过必修课完成大纲规定的艺术教育一般任务，又以必修、选修、活动的办法充分地发展学生的艺术特长，培养艺术人材；通过组建艺术班的三年试验大大改善铜管乐队的训练水平，从而可望建成百人铜管乐队，与此同时形成相当规模的民乐队、京剧队、舞蹈队等；通过培养拔尖艺术人材以及他们的高水平的艺术表演为本区学校在提高整体艺术教育水平和促进校园文化教育等方面积累成功的经验。

·1·

地址：中州路281号　　电话：240242　　31

北虹中学向虹口区教育局提交成立艺术班的报告

1998年，虹口区艺术教育导师团成立。

1996 年 8 月 16 日，学校合唱队参加上海第二届学生艺术节合唱比赛，荣获一等奖。

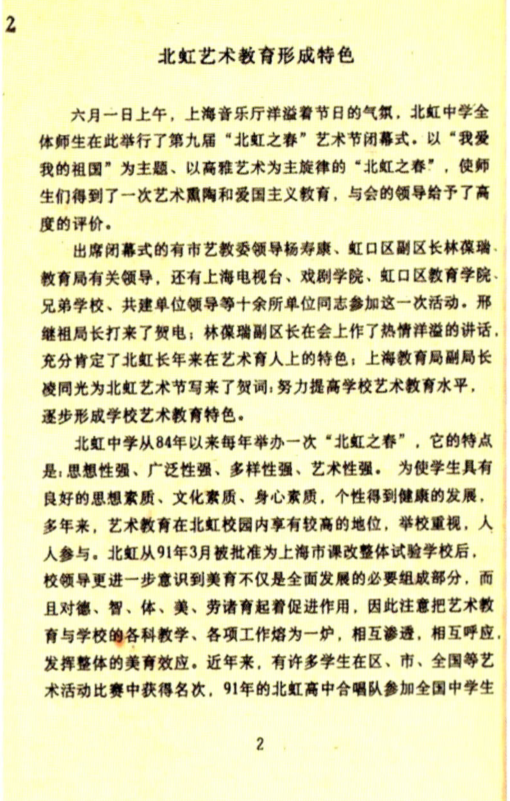

2

北虹艺术教育形成特色

六月一日上午，上海音乐厅洋溢着节日的气氛，北虹中学全体师生在此举行了第九届“北虹之春”艺术节闭幕式。以“我爱我的祖国”为主题、以高雅艺术为主旋律的“北虹之春”，使师生们得到了一次艺术熏陶和爱国主义教育，与会的领导给予了高度的评价。

出席闭幕式的有市艺教委领导杨寿康、虹口区副区长林葆瑞、教育局有关领导，还有上海电视台、戏剧学院、虹口区教育学院、兄弟学校、共建单位领导等十余所单位同志参加这一次活动。邢继祖局长打来了贺电；林葆瑞副区长在会上作了热情洋溢的讲话，充分肯定了北虹长年来在艺术育人上的特色；上海教育局副局长凌同光为北虹艺术节写来了贺词：努力提高学校艺术教育水平，逐步形成学校艺术教育特色。

北虹中学从84年以来每年举办一次“北虹之春”，它的特点是：思想性强、广泛性强、多样性强、艺术性强。为使学生具有良好的思想素质、文化素质、身心素质，个性得到健康的发展，多年来，艺术教育在北虹校园内享有较高的地位，举校重视，人人参与。北虹从91年3月被批准为上海市课改整体试验学校后，校领导更进一步意识到美育不仅是全面发展的必要组成部分，而且对德、智、体、美、劳诸育起着促进作用，因此注意把艺术教育与学校的各科教学、各项工作熔为一炉，相互渗透，相互呼应，发挥整体的美育效应。近年来，有许多学生在区、市、全国等艺术活动比赛中获得名次，91年的北虹高中合唱队参加全国中学生

2

1994 年，《虹口区教材改革简报》刊登《北虹艺术教育形成特色》报道。

书画美术是“北虹之春”艺术节的重要组成部分。在第十一届“北虹之春”艺术节“北虹师生书画美术展”开幕式上，教师书画协会理事长周世璋老师当场挥毫。

在第十一届“北虹之春”艺术节上，艺术班学生参观“北虹师生书画美术展”。

2004年，第十九届“北虹之春”艺术节美术比赛现场。

第四章

崭新的征程

教育改革的本质，就是要回归到“育人”这一教育初衷上来。

跨入新世纪后的上海教育面临历史性的转折点，重点关注满足人民群众对高质量、多样化教育的新诉求。依托虹口“海派文化的发祥地、先进文化的策源地、文化名人的聚集地”的深厚文化底蕴和北外滩独特区位优势，北虹高级中学以百年历史为积淀，以创新发展为动力，聚焦育人方式变革，推进创新人才培养，开启学校新世纪的新篇章。

秉承优良的办学传统，学校以“让每一个学生得到充分和谐的发展”为办学理念，推进学校课程建设。北虹高级中学制定了《打造“艺术北虹”品牌　创建特色普通高中》的发展规划，确立了“力争将学校建设成为上海市特色普通高中”的发展目标。

新课程改革注重提升学生综合素质，激发、调动和引导学生的求知欲望。学校优异的办学质量得到了社会的充分认可：大艺术教育特色日趋鲜明，荣获“上海市文明单位”“上海市安全文明校园”“上海市艺术教育先进集体”等多项荣誉称号……一次又一次发展动能的不断蓄势，让北虹高级中学得以坚持特色发展、品质立校。这一切成绩，都是夯实学生核心素养的必然结果。而其背后的推动力，则是一整套严密的机制、互嵌的架构。

4

第一节　教育本真

教育的成功，应更多地着眼于孩子的终身发展。一个孩子真正在人格塑造上有了进步，基础教育的功能和使命才算落到了实处。正因为如此，学校始终践行“让每一个孩子都找准人生坐标”。

2003 年 5 月，经虹口区机构编制委员会批准，学校正式更名为“上海市北虹高级中学”。建立起现代学校制度的北虹高级中学，以“积极创建育人为本、特色鲜明、设施先进、运行高效、民主开放的现代‘有效学校’，为人民提供优质的教育服务”为办学目标。

举办“一个支部一个故事”——印象最深刻支部故事活动

党章学习小组专题讲座

党建引领，坚定理想信念。党支部召开“爱心使人更高尚”——党员与学生心连心工作研讨会。

在上海市中小学生庆祝建党百年主题活动中，参演情景朗诵剧《力量之源》。

学生入团仪式

志愿服务队成立

践行“四史”，探寻“虹”色足迹实践活动

18 岁成人仪式

三位一体，构建共育模式，开展“议思讲坛”校友讲座。

“国家宪法日”法制教育活动

PTA 家长教师联合会会议

“劳模工匠进校园”活动

至合—北虹法治校园行

学校宪法活动——学生原创的法治小品《坚守》

东方绿舟军事拓展训练

微电影创编研学活动

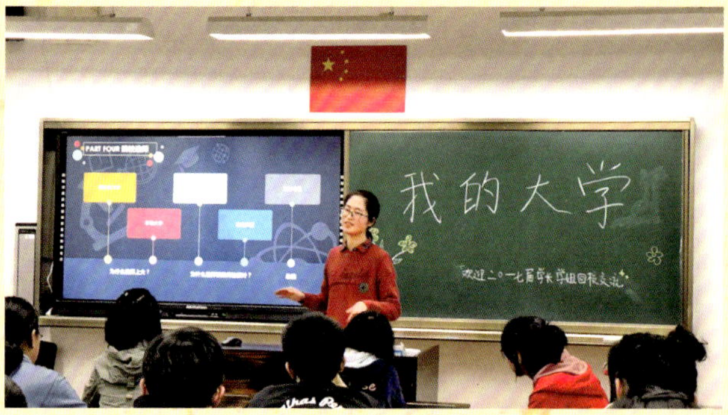

生涯指导，探寻人生方向。举办“我的大学”校友生涯分享会。

班主任 OH 卡生涯探索培训

导师对学生进行生涯辅导

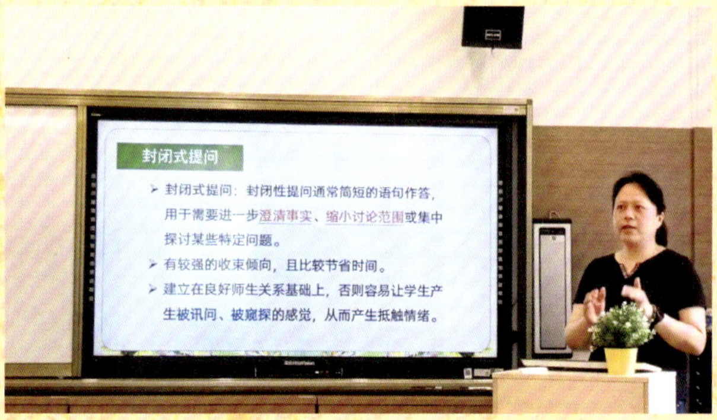

导师胜任力培训

社团招新

生涯主题活动“校园招聘会”

鲁迅纪念馆志愿者总结表彰交流活动

全体导师工作培训

学生在多伦现代美术馆做志愿讲解员

第二节 以美立人

在 150 年的办学历程中，“以美立人，成人之美”的理念一直是北虹发展的“魂”。

自 1985 年首届“北虹之春”艺术节成功举办以来，学校特色发展的步伐愈发坚定。2003 年正式更名为“北虹高级中学”后，历经特色探索阶段、以戏剧教育为龙头的艺术特色阶段，乃至以大艺术课程为核心的艺术北虹阶段，在“让每一个学生得到充分和谐的发展”办学理念引领下，学校以“致力于将学生培养成为有知识、有道德、积极的公民；品鉴艺术、有美学视角的生活者；追求卓越、能适应未来挑战的终身学习者”为培养目标，打破应试教育的束缚，帮助学生实现德智体美劳全面发展。

知识，不再是纸面上的，而是学习生活中鲜活的富有色彩的律动音符。

积极探索双语教学

学校以“浸润式”的双语化学课程为引领，同时涉及物理、数学、信息科技、心理和生物等多门学科。图为双语化学课

特色探索

学校大力倡导科技创新，学生踊跃参加各类机器人编程比赛。

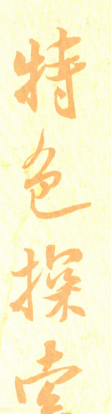

编程小组讨论

基础课程

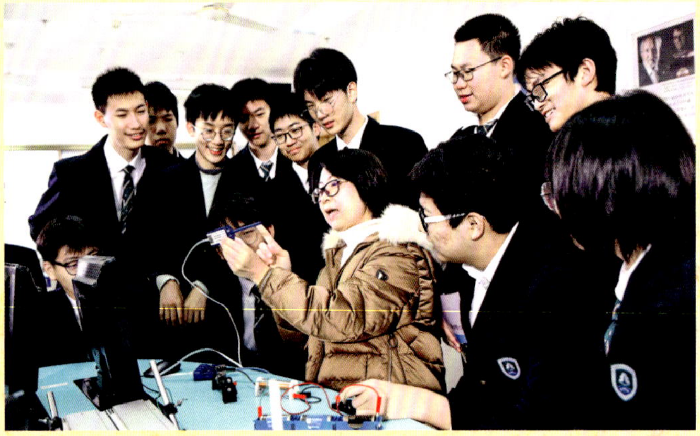

2016年，举行特色学校建设专家论证会。2017年，北虹高级中学被评选为上海市特色普通高中项目校。

特色教育

2012年，邀请历任校领导参与学校特色发展座谈会。

基于表现力培养和"三艺"学校发展
课程建设研究开题会
上海市北虹高级中学

2015年，召开“表现力培养与‘三艺’学校发展”课题建设研究开题会。

从“圣芳济”到“北虹”：育人钟声圆润宏亮

“北虹之春”：学校艺术的“

——写在上海市北虹高级中学第

1994 年

1995 年

1999 年

如果说，“圣芳济”是北虹诞生的标志，那么，“北虹之春”，则是北虹特色的形象。
“圣芳济”，宣布了一所学校的存在；“北虹之春”，彰显了一种特色的生命。
“北虹之春”，这是学校立足传统的“传承之光”；
“北虹之春”，这是奠基全面育人的“办学之虹”；
“北虹之春”，这是发展办学特色的“艺术之旅”；
“北虹之春”，这是成长艺术新苗的“沃土之地”。

“北虹之春”，是学校奉献给学生的成长能量；
“北虹之春”，是园丁哺育给学生的艺术营养；
“北虹之春”，是学子称呼于母校的崇高荣誉。
在这里，“北虹之春”源于学校，源于艺术，源于育人；
在这里，“北虹之春”绽放青春，绽放年华，绽放梦想。

2012 届，金今（上海市绘画二等奖）

时势成就了学校，当 1874 年的一缕曙光冲出地平线时，一所教会学校横空出世，这就是上海市北虹高级中学的前身——圣芳济学院。

融中西文化于一体，是北虹的显著特点。一百多年来，北虹的教育凸显忧患、乐道、和合、人本的四大特征，蕴涵奋发进取、自强不息、追求自己理想价值实现的笃行精神，故而人才辈出。从某种意义上说，是优秀的中外文化，尤其是中华传统优秀文化的弘扬和熏陶，让更多的学子充满理想、充满情趣、充满优雅地走向社会，培育的原全国人大副委员长朱学范、原邮电部长刘立清、原香港政府副政务司长陈树青、香港著名实业家何鸿章、中国戏剧先驱朱穰丞和著名电影导演郑洞天等一批优秀人才，在海内外享有一定的知名度。

立艺术为办学之柱，是北虹的鲜明特色。北虹将艺术教育作为全面实施素质教育的重要组成部分，作为培育现代人的基本素养，不断提升艺术教育的质量，在艺术教育的普及与提高上做文章，在发展学生共同基础与个性发展上谱诗篇。学校有着悠久的艺术教育传统，艺术教育取得了丰硕成果，培养了陈蓉、张蒙晰、马伊琍、孙俪、董蓉蓉和汪嘉琪等一批节目主持和影视明星，他们相继走向银屏、走近大众。在学校艺术氛围的熏陶下，更让人欣慰的是从北虹出来的学生都具有品鉴艺术的能耐。

在北虹特色办学中，不能不说到“北虹之春”散发出来的青春之气、常青之恒和艺术教育之虹。1986 年 5 月 3 日，“北虹之春”以艺术汇演形式，绽放了“第一春”。随后，每年的四五月份，“北虹之春”都会如期而至，成为学校呈现艺术教育的“盛典”，成为学生展示艺术的“嘉年华”。如今，时光流淌至 2015 年，“北虹之春”，仍然魅力无穷，艺术之“虹”常在，教育之“春”常青。

历经 30 年，时光作证，史事作证，“北虹之春”，越开越有生气，越开越有奇葩，越开越有章法，她缘何能经久不衰？为何能根深叶茂？何以能催化成长？这是因为“北虹之春”，已渗入北虹的身躯，涌入北虹人的血液，成为北虹优质育人的生态。

1994 年，北虹中学成为上海戏剧学院重点联系学校揭牌仪式

美景美情

学子心目中的“北虹之春”

能留给人们记忆中的“往事”，往往拨动了人的心弦。而曾经在北虹高级中学就读的学子，对母校的艺术教育及其“北虹之春”，存有一种难以割舍的情愫，因为在这里，留下了他们青春的倩影，留下了他们对艺术的渴望，留下了他们走上艺术道路的印迹。

著名主持人陈蓉曾在《北虹——我的诺亚方舟》中回忆说：“北虹中学是一所艺术教育见长的学校，校内有铜管乐队、合唱团，艺术特长生，等等。这些本和我无关，但是学校的艺术特色定能潜移默化地影响每一个学生，我真的感受到了。每年的‘北虹之春’，是展示学校艺术教育成果的盛宴，也是展现学生多种艺术才能的舞台。在我高二的时候，有幸登上了这个舞台，成为‘北虹之春’的主持人。在我仍懵懵懂懂、沾沾自喜于舞台上倒背如流的报幕词时，当时的副校长陈俊荣找到了我，希望我去报考上海戏剧学院新开设的专业：电视艺术系主持专业。我被陈校长的设想吓着了，我今后的职业会是万众瞩目的主持人？陈校长肯定而执着的眼神让我走上了考场。过五关斩六将，一切竟顺利通过。被上戏录取的结果来得那么突然，让我这个从没有奢望过推开艺术院校大门的普通女孩始料不及。感谢一双慧眼挖掘我主持潜能的陈俊荣校长，感谢北虹中学的艺术盛名给予我的光环，更感谢北虹的艺术教育对我的熏陶和重塑。”

几乎后来与艺术有点关系的学子，都会与陈蓉一样产生同感。毕业后考入北大的 2002 届校友叶盛雯还清楚地记得：“在大一的时候，我听一门专业课《艺术概论》，课上有一段内容是专门讲述世界名画的。北虹始终坚持开设美术课和音乐课，教授提到那些名家名作几乎都在学校的美术课本中出现过，因此在课堂上，我结合高中学习的美术基本理论，提出了自己的鉴赏视角和感受，受到大学老师好评。另外在‘北虹之春’艺术节上，有一个小提琴手令我印象深刻，他演奏技巧娴熟，琴声如泣如诉，感人至深，在主持人的介绍下，我知道他拉的是维尼亚夫斯基的《传奇曲》，就是这样一个契机，让我迷上了维尼亚夫斯基，爱上了古典音乐……”

“北虹之春”，北虹学子的“艺术天地”、“成长阶梯”。

在第 30 届“北虹之春”举办之际，陈蓉、马伊琍、孙俪等校友纷纷以各种形式致贺，表达对母校及其艺术教育的热爱之情。

以育人为主旨：“北虹之春”经久不衰的“艳阳天”

与其说，“北虹之春”是北虹艺术教育的花朵，倒不如说是北虹全面育人的常态。

教育，不只是知识的传播与传承，更是人格力量的强化和艺术的砥砺。倘若您有机会走进北虹，或是有机会成为校园莘莘学子中的一员，您一定会被学校充满浓郁的文化氛围所吸引。在这样一所有着 140 年历史的百年老校的血脉中，流淌着以文化建设来塑造与感染学子的优良传统，同时本着与时俱进的精神，学校不断调整与更新文化建设的内涵，从而让一代代的北虹学子能深切感受到艺术的魅力和感召力。

北虹艺术教育有悠久的历史和传统，早在圣芳济时代，学校的铜管乐队就闻名遐迩。上世纪八九十年代，学校的铜管乐队就在华东六省一市比赛中获奖，校合唱队多次获全国高中合唱比赛上海赛区一等奖，许多学生的美术作品在全国比赛中获奖，每年都有一批学生进入艺术院校深造。

随着时代的变迁，北虹对育人的定位越加清晰与坚定。搭准时代发展的脉搏，遵循现代社会对人才发展的要求，近年来北虹在制定《学校章程》时明确提出：学校的办学目标——创建育人为本、特色鲜明、设施先进、运行高效、民主开放的现代“有效学校”，为人民提供优质的教育服务。学校的培养目标——致力于将学生培养成为“有知识、有道德、积极的公民；品鉴艺术，有美学视角的生活者；追求卓越，能适应未来挑战的终生学习者”。北虹对办学的诠释，概括了对教育、对艺术以及教育与艺术联系的认知与理解。经过多年的探索和实践，学校走出了一条以艺术教育弘扬传统文化、推进素质教育的成功之路，成功举办了 30 届“北虹之春”艺术节，创建了艺术教育特色品牌，彰显了艺术教育成效。

30 届的“北虹之春”，离不开一批优秀的艺术教育专兼职教师，他们术有专攻，敬业爱岗、思想境界高，热爱艺术教育，他们聚合教育智慧，精心设计，同伴合作，创造性地开展艺术教育，充分发挥艺术教育特有的育人功能，引领北虹学子沐浴在书香中，浸润在墨海里，徜徉在艺术的殿堂中，让学生崇尚艺术，追求高雅。

30 届的“北虹之春”使北虹人深刻地认识到：艺术教育对于立德树人具有独特而重要的作用，艺术教育是实施美育的最主要的途径和内容，契合北虹的培养目标。学校以“北虹之春”艺术节为载体，陶冶身心，涵养德行，不断培养学生感受美、表现美、鉴赏美、创造美的能力，提高学生审美和人文素养，促进学生健康成长，使学生成为善良美丽、热爱生活的人。

如今，每年一度的“北虹之春”艺术节，使北虹学子对于艺术的理解和领悟深深扎根在心中，艺术育人的价值也已悄然引领着学生们走向人生的更高目标。

“北虹之春”，因为有了全面育人的支撑，才有了艳阳高照的气象。

上图：2013 年“鲁迅杯”上海市中学生课本剧大赛获奖作品《小镇故事》

右图：2013 年“戏剧盛宴·青春体验”艺术节上演《雷雨》

下图：台前幕后

以体验为主题：“北虹之春”磨砺成长的“大舞台”

与其说，“北虹之春”是学校艺术教育的载体，倒不如说是学生体验、展示艺术才华和个性发展的大舞台。

图案设计 2015 届在校学生

包装设计 2011 届胡腈轩（现就读于上海师范大学美术学院）

“北虹之春”以丰富多彩的表演实践活动为载体，启发学生的思索、体验、感悟和升华。

“班班有歌声”比赛、摄影书画美术作品展，歌舞专场、器乐专场、戏剧小品专场……一年一度的“北虹之春”艺术节内容丰富多彩，展示了学生的艺术才华，挖掘了学生的艺术潜能。在以“戏剧盛宴，青春体验”为主题的第 28 届“北虹之春”艺术节上，高一学生自编自导自演的小品《投毒记》，抨击社会丑恶现象，结尾设计巧妙，让人捧腹之余，又产生深思。高二学生以校园生活为背景创作演出了《钟楼魅影》，表现了北虹学生积极进取的风貌，也流露了同学们的爱校之情。闭幕式上，学生演出了《雷雨》、《威尼斯商人》等经典剧目的片段，自编自导自演了校园歌舞剧《Dream High3》，向社会展示学校艺术特色课程建设的成果，在区域内形成一定的影响。“北虹之春”已经步入了 30 个春秋，每一届的艺术节都带给学生们以欢乐、惊奇和享受，每年的艺术节闭幕式已成为北虹师生共同期盼的艺术盛典。

为进一步丰富学生的课程体验，北虹积极探索教育资源的拓展与整合。引进来，借助专业力量，丰富学校的艺术课程资源：2013 年北虹与上海戏剧学院、虹口区青少年活动中心加强合作沟通，结成共建合作关系。上海戏剧学院和区青少年活动中心的老师走进北虹课堂，对青春剧社的同学进行艺术表演指导，令喜爱戏剧的同学获得非同一般的体验和收获。走出去，将课堂延伸到校园之外，拓展学生文化视野：参观上海美术馆、中华艺术宫等艺术场馆，感受色彩与造型的夺目魅力；走进话剧场、音乐厅，聆听文字与音符之间律动旋律；参加社区文艺表演，为文明城区的建设贡献一份力量；赴香港圣方济学校进行文化艺术交流，增进了对不同文化的理解和沟通。艺术教育的一系列活动，让学生在自主参与中，思想情感得到熏陶，精神生活得到充实，道德境界得到升华，同时也在实践中增长了知识，培养了创新精神和实践能力。

在学生的主观能动性与潜力被充分调动挖掘的基础上，学校形成了一批以“青春剧社”为核心的学生艺术社团，也创作出一批具有北虹特色的学生作品。2012 年，校园剧《Dream High2》参加上海市第四届中小学生艺术展演活动校园剧/课本剧专场荣获中学组二等奖。2013 年，通过艺术专修课程学习，学生自编自导自演的小品《神医》，参加虹口区第二十五届学生欢乐艺术节戏剧比赛专场高中组一等奖。同年 12 月在“演绎名家经典，飞扬青春梦想”上海市中学生鲁迅杯课本剧大赛中，青春剧社的作品《小镇故事》在 30 余所参赛学校中脱颖而出，经过预赛决赛的激烈角逐，荣膺二等奖和唯一的一个最佳编导奖；2014 年，该剧又荣获《上海市学生戏剧节校园剧/课本剧》专场高中组二等奖。2014 第二届上海市中学生话剧展演季活动中，学校的原创校园音乐剧《Dream High4》荣获优秀剧目二等奖等三项大奖，并赢得组委会的一致好评。缪斯同学荣获 2014 年上海科普公益广告大赛平面设计（业余组）一等奖。

“北虹之春”催化成长，是因为有艺术实践的多重体验与磨砺。

圣芳济学院戏剧表演

1884 年，圣芳济学院管乐队

2011 年，健美操

2012 年，燃烧的波尔卡

2013 年，

www.whb.cn 2015年5月27日 星期三 文匯報

"浦江畔"到"北虹"：艺术长河清澈畅流

青藤"艺术育人的"智慧虹"

届"北虹之春"艺术节举办之际

历届剪影

2012年

2014年

为主线："北虹之春"根深叶茂的"沃土壤"

上图：2012年，古典舞《唐风雅韵》 右上图：2013年，校园彩绘墙
右中图：2012年，学生彩绘T恤
右下图：2011年，学生自编自导的音乐剧《Dream High1》

感言

教育的春天

■张峻

育人，永远是办学的主题，也是教育的全部价值。

对北虹来说，全面提升办学质量，全面实施素质教育，全面实现育人价值，是历史赋予我们的使命。

北虹，具有悠久的办学历史，也形成了优良的办学传统。面对新时期的育人任务，面对把学生培养成时代所需要的新人，北虹致力于将时代要求转化为办学追求，将办学追求转化为育人现实。

而在这个过程中，北虹将艺术教育的普及与提高作为育人的重头戏，并在办学目标、培养目标、文化建设等方面进行了基础性的架构和科学化的运作。而"北虹之春"，就是这种架构的组成部分，这种运作的有效载体。

在学校，"北虹之春"，不仅是艺术教育花朵盛开的"绽放之际"，也是全面育人一片翠绿的"丰收之季"，她之所以成为学校的亮色，是因为这样的"绽放"有着青春的基因，有着艺术的芬芳，有着教育的元素。

教育与艺术结合，爱好与成才联手，可以让我们高中生的发展有更深的根基，有更大的前途，有更好的未来。出艺术专才是好的，出懂得艺术的生活者更需要。因此，让"北虹之春"成为育人的雨露、滋润的养分和成长的元素，我们任重道远。

"北虹之春"，教育的永远春天。

（作者为上海市北虹高级中学校长）

国画 2012届，何佳盈

"……余爱好"

……（马云晓，现就读于上海戏剧学院主持专业，2014届毕业生）

"更多的是明白了为人处世的道理"

……（邓逸平，在校学生）

"学习戏剧增长了我的人生体悟与经验"

……（屠宇闻，在校学生）

"做艺术教师是幸福的"

……（施荣，艺术教师）

"我发现了我身上的许多可能性"

……（马云骁同学家长）

……员与领导合影

《文汇报》报道第30届"北虹之春"艺术节

戏剧表演课程校本教材

学校戏剧作品《雷雨》画稿、定妆、演出

2016 年，“上海市戏剧特色学校”命名仪式顺利举行。

2016年3月18日，学校与上海戏剧学院戏剧文学系签约，成立"北虹剧团"。

经典剧《群猴》

2016年，北虹剧团成立后排演的第一部话剧《仲夏夜之梦》。

2021 年 5 月 20 日，学校创建上海市特色普通高中展示活动。

大艺术课程

艺术

2021 年 12 月，在上海市特色学校评审会上，张峻校长做汇报。

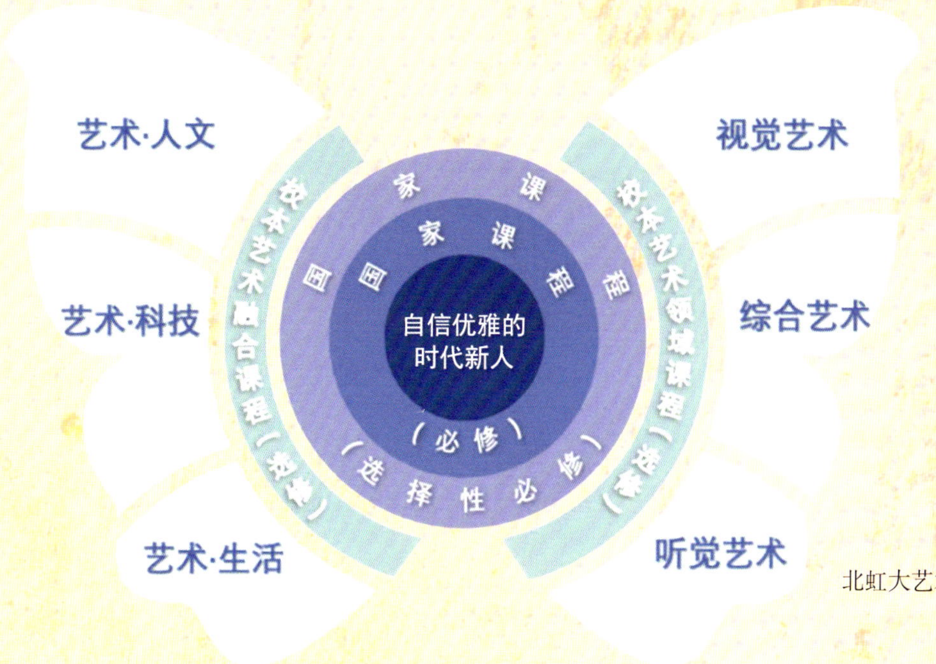

北虹大艺术课程结构

为核心的
北虹

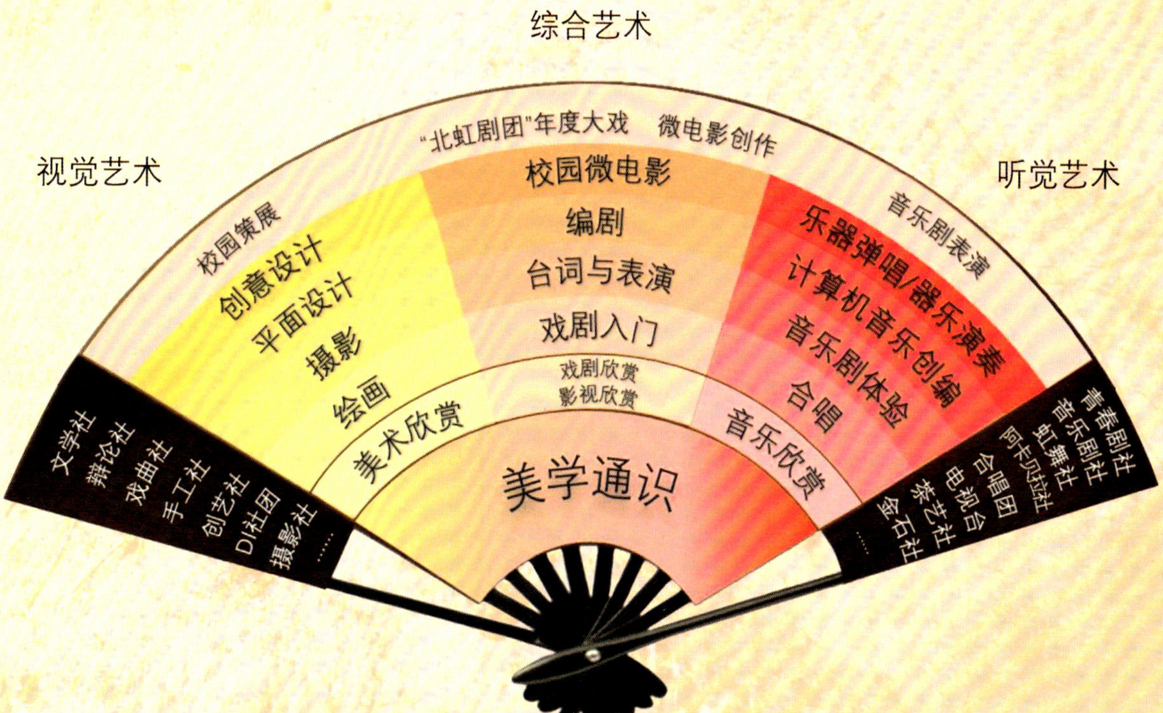

北虹艺术领域课程

创意设计

戏曲进校园

尤克里里期末汇报演出

乐器社

陶笛课

剧团舞美设计

心理剧工作坊活动

形体课程

台词与表演

2019 年 9 月，“第三届全国中小学生电影周学科教学与电影育人”——中学艺术学科专场展示活动举行。

音乐剧社

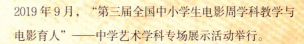

2023 年，承办虹口区首届高中生阿卡贝拉音乐会。

参加“未来杯”音乐创作人比赛

参加上海校园第一届戏剧节

参加全国少年儿童合唱节

参加全国青少年创新思维大赛

学生作品布置校园

第三节 教育交流

21 世纪是开放的世纪，更是教育格局不断开放的时代。增进教育合作，助推校际交流——近年来，北虹高级中学一直重视教育交流，师生的视野不断扩展。

通过“请进来”学经验、“走出去”强能力，北虹高级中学坚持高标准构建新时代学校管理体系，提升办学质量。

创办于 1955 年的香港圣芳济书院，和创办于 1963 年的荃湾圣芳济中学有着极深的渊源。北虹高级中学通过与这两所学校的互访交流，谋求相互学习借鉴、取长补短，互通先进理念和经验做法。

守支教初心，承奉献责任——让知识与爱跨越千里，是北虹人为贫困地区的孩子们提供更好的教育机会，为社会贡献一份力量的庄严承诺。学校对口支教青海果洛民族中学，给那里的孩子们带去了知识与希望，在他们的心中播撒下了梦想的种子，让乡村教育振兴之花在高原绽放。

2019 年 4 月，香港圣芳济书院来访并与北虹高级中学结为友好姐妹学校。

2009 年建校 135 周年之际，北虹高级中学与香港荃湾圣芳济中学结为姊妹学校。

2010 年，香港荃湾圣芳济中学学生来访，与接待家庭合影。

2023 年 11 月，香港荃湾圣芳济中学师生来校交流访问。

2014 年，北虹高级中学访问香港圣芳济书院。

2023 年 5 月，香港圣芳济书院师生来访交流。

2024 年 4 月，香港圣芳济书院师生来访交流。

2004 年 3 月，香港谭李丽芬纪念中学来访进行教育交流，并接受学生电视台的采访。

2019 年 6 月，北虹高级中学与香港孔圣堂中学结为姊妹学校。

2019 年 7 月，北虹教师组团到香港孔圣堂中学交流参观。

2015年，北虹教师访问澳门庇道学校。

2017年，北虹高级中学访问澳门镜平学校。

王皓晾副校长援青支教

袁春清副校长援青支教

沈涌校长援青支教

2023年2月，学校开展“践行‘大思政’理念，共促思政课高质量发展——两地三校思政学科云端联合教研活动”。

2023年2月，学校与青海果洛州大武民族中学开展历史学科同步课堂。

2023 年 3 月，学校与青海省果洛州大武民族中学结为友好学校。

2019 年 6 月，朱燕星书记带队看望援青的袁春清副校长。

2023年5月，青海省果洛州大武民族中学来北虹交流访问，并在学校艺术节上演出。

2023年9月，以球为“媒”，沪、果两地学生深度交流，同台竞赛，切磋排球技艺。

第四节 筑路逐梦

习近平总书记强调："今天的学生，就是未来实现中华民族伟大复兴中国梦的主力军。"在北虹高级中学，教育更是被融入了生命的意义。那就是，以稳健的步伐，注重每一个细节，追求教育的本质和美好。

未来已来。立足学生长远发展，丰富学生成长双翼，学校将继续俯身耕耘，全力开拓；仰望星空，提升品质，奋力书写彰显"上海北外滩、都市新标杆"品质的"北虹答卷"。

上音—虹口
合作办学学校揭牌仪式
暨虹音艺术教育集团成立仪式
指导单位：上海市教育委员会　上海音乐学院　虹口区人民政府
主办单位：虹口区教育局
承办单位：上海音乐学院北虹高级中学
2024年9月1日
音乐剧
校庆150周年献礼剧
9/01
9/21

学校不断激发教师的责任感和使命感，培育高尚师德，更新教育理念，提高全体教师的思想政治素质、职业道德水平和教育教学能力。图为欢送老教师光荣退休

2017年，北虹高级中学成为虹口区见习教师规范化培训基地。

2018年5月，北虹高级中学举行第一届青桐杯青年教师评比活动，并成立青年教师协会。

2018年10月的师徒结对签字

2020 年师徒结对仪式

2021 届高三新教师师徒结对仪式

“笃行致远 不负芳华”北虹高级中学青年教师协会团建活动

2018 年 12 月，青年教师协会举行团建活动。

青年教师外滩写生

北外滩行走课程

北虹学生参加《慧画无限》上海图书馆东馆活动

北虹学生在新时代实践中心做讲解员

学生参加全国博物馆优秀讲解员展示推介活动

北虹学生参观上海国际摄影节展览

2019 年，朱屺瞻艺术馆《生肖》艺术展部分作品布展于学校艺术体验中心。美术馆名家作品进校园在上海市内尚属首次，这不仅是一次尝试与突破，更为提升学生审美眼界提供了一种新的教育途径与方法。

2023 年，北虹高级中学与上海多伦现代美术馆共建签约。

邀 请 函
INVITATION
上海多伦现代美术馆 × 上海市北虹高级中学
笔记—
"很高兴
把它
印出来"
馆校合作项目成果展
Notes
I Was Glad to Print
This Sentence
Exhibition of Achievements
of Musum-School Partner-
ship Project
开幕OPENING
2023.05.25 周四(Thu)14:30
2023
05.23
06.03
DOLAND
指导艺术家
小龙花
项目策划团队
贾文琴、施荣、周润、陆维娜、金潇、朱涛、李艺
参与学生 (排名不分先后)
齐晶妮、郜悦颖、胡嘉豪、叶亦欣、赵天欣、张登柯、张赫宇、张诗韵、翟冰、戴忆汀、张家绮、潘尹婷、肖珺文、陈羿璇、吴姝倩、姚绮婻、倪祎廷、彭顾嘉、沈奕天、刘想、吴铭伟、周锦泓、冯殷嘉、韩宜润、朱雅文、陈林瑶、郭宜灵、袁艾雯、倪俪元、廖一诺、田宇宏、陈文韬、张昭硕、赵天欣、黄浩然、施苏芮、徐源、赵琬莹、张翎然、徐景亮、沈弘玥、丁欣怡、王裕涵、季宇宸、钱搏时、沈昊飞、华益、张庭瑜、佘展韵、张杰文、王唯嘉、王佑
展览地点 / 上海市多伦路27号
Location / No.27 Duolun Rd, Shanghai
主办 / 上海多伦现代美术馆
Host / Shanghai Doland Museum of Modern Art

在馆校合作项目成果展上，北虹学生参加在多伦现代美术馆的自印本活动。

《城市形与色的联想》——北虹高级中学学生作品展在上海复星艺术中心 annex 项目空间举行。这是一场具有特殊意义的学生作品展，作为“annex—艺术高校”项目合作的第一所高中，学校以此扩展社会公共艺术资源，提升学校艺术大空间。

《城视乡医》乡村医生项目 · 北虹高级中学学生作品展

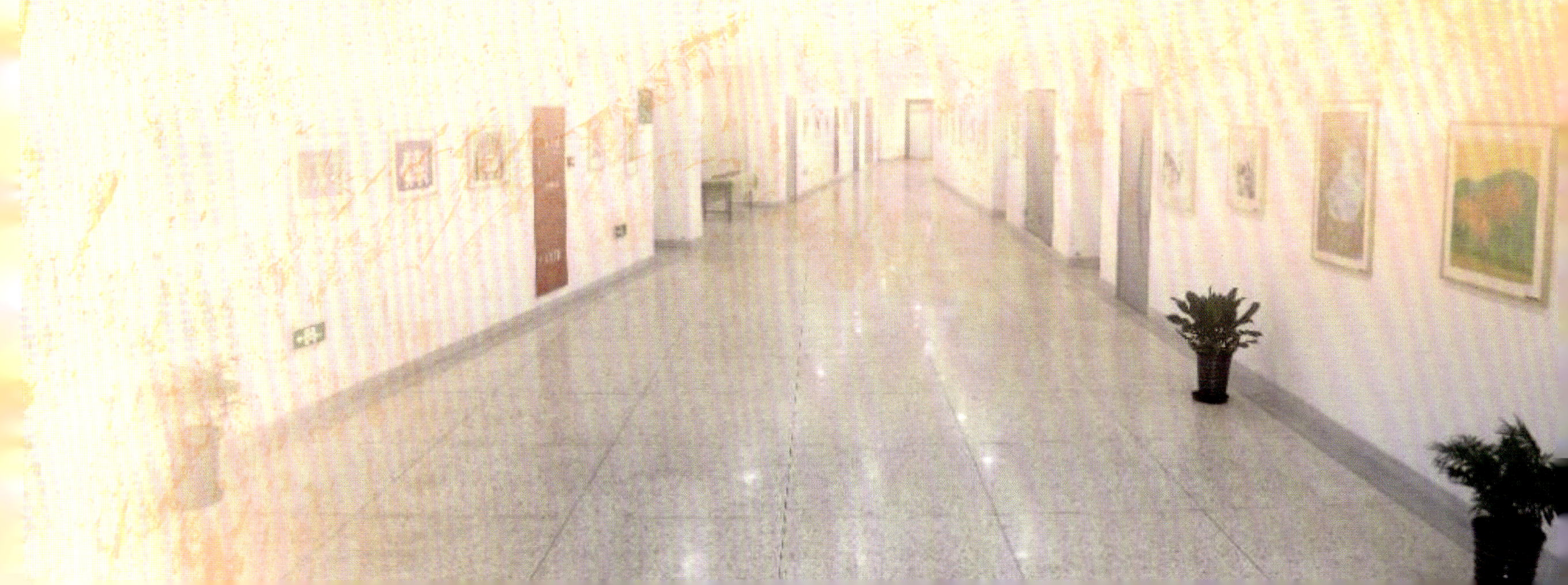

2020年11月20日，北虹高级中学全体学生来到上海交响乐团聆听了一场特别的音乐课——《音乐地图课堂》。

2023年12月26日，上海音乐学院、虹口区教育局来校调研，深入探讨合作办学事宜。

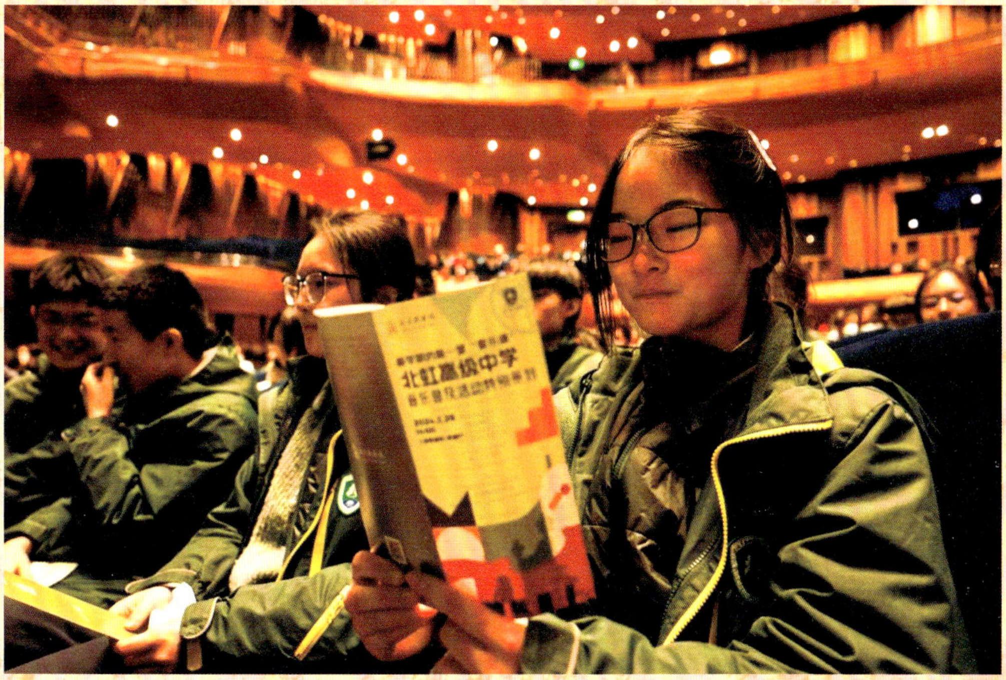

2024 年 2 月，北虹高级中学在上音歌剧院举行新学期第一堂音乐课。

潮头登高再击桨
无边胜景在前头

桃李芳菲

青出于蓝胜于蓝，特色育人捷报传。对于一所学校来说，最美丽的风景是师生，最宝贵的资源是校友。时光荏苒，日月如梭，150 年风雨兼程，北虹高级中学培养了众多莘莘学子、青年才俊，为国家和社会不断输送栋梁之才；150 年春风化雨，北虹高级中学在现代社会文明进步中，做出了卓越独到的贡献。

栽桃育李，硕果累累。一批批下得去、用得上、干得好的校友从这里走向更加广阔的天地，为经济建设和社会发展奉献智慧和才华。

时代标杆，国之栋梁。一代代北虹人用智慧和汗水谱写了一曲又一曲史诗华章。

风劲帆满，砥砺奋进。迈入新时代，北虹人将以更加广阔的视野、更加开放的姿态、更加执着的努力，如同一股股洪流自校园出发，奔向四方，汇入时代大潮……

专记

历任领导

历任校领导为学校的发展和学生们的成长做出了不可磨灭的贡献。他们不仅在教育改革和学校管理上展现了非凡的才能，更在培养学生的品德、知识、能力方面发挥了关键作用。每一位领导都以其独特的方式，推动学校向着更加开放、包容和创新的方向发展。他们的决策和行动，如同灯塔照亮了学校前进的道路，为后来者树立了榜样，使得学校能够在教育的浪潮中稳健前行，培养出一代又一代的优秀学子，也为学校的辉煌历史添上了浓墨重彩的一笔。

郑凤章校长（1953—1954）

李永书记（1994—1999）

陈琥璋书记（1991—1994）
陈琥璋校长（1992—1998）

刘海生校长（1988—1992）

周庆华书记（1988—1991）

陈金泉校长（1998—2005）

管华书记（1999—2009）

张峻校长（2005—2023）
张峻书记（2020—2023）

朱燕星书记（2012—2020）

徐英俊校长（1954—1965）
徐英俊书记（1954—1964）

黄千晖校长（1965—1978）

徐希祥书记（1971—1972）

姜其昌书记（1972—1976）

徐开坚书记（1983—1988）

宋列群校长（1980—1983）

朱瑞珠校长（1978—1980）

吴邦柱书记（1976—1983）
吴邦柱校长（1983—1988）

沈涌校长（2023至今）

蔡虹书记（2023至今）

校友情缘

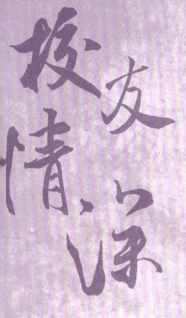

传道、授业、解惑之恩，没齿难忘。一个学校对学生无微不至的关爱，不仅仅只是影响了学生的三年、六年，甚至可能延伸至他们走出校门之后未来的更长时间。

1986 年，上海市北虹中学（原圣芳济学院）校友会成立。校友会成立后，在联络海内外校友为学校继续发展等方面做了大量贡献。诸多校友更是在稍有成就的今天，不约而同地想到了回报母校。

出自同一个校门，校友成才、成功的经历比其他成功人士对当下学生的成长更有说服力和导向作用。杰出校友们的思想和境界，更能让学生受益无穷。为此，学校挖掘校友资源，积极拓宽学生参与学校运行治理和社会实践体验的渠道，形成北虹校史教育品牌课程——“校友访谈录”。

1986 年，北虹中学校友会成立。

1989 年，圣芳济老校友返校参观。

1992 年，香港圣芳济校友会副会长来校参观。

1999 年，圣芳济校友会加拿大分会正副会长及部分干事合影。

1999 年，北虹校友会换届选举并制定了校友会章程。

校友会全体理事

校友会理事会议

校友会章程

第一章　总则

第一条　本会的名称为上海市虹口区北虹中学校友会。

第二条　本会的性质是：以本校历届毕业的学生和曾在本校工作过的教职员工，自愿结成的专业性非营利性社会团体组织。

第三条　本会的宗旨是：遵守宪法、法律、法规和国家政策，遵守社会道德风尚，团结历届校友，加强国内外校友之间的联系，为进一步办好母校，促进祖国四化建设而努力。

第四条　本会接受业务主管单位—上海市虹口区教育局和社团登记管理单位—上海市虹口区民政局的业务指导和监督管理。

第五条　本会的所在地：上海市虹口区南浔路 281 号上海市北虹中学内。

第二章　业务范围

第六条　本会的业务范围。

(一) 加强国内外校友之间的联系，加强团结，增进友谊，为办好母校建设祖国出力；

(二) 接受国内外校友的捐赠，建立奖学奖教金表彰优秀师生；

(三) 编辑出刊《北虹校讯》联络校友传达信息；

(四) 组织校友返校参加校庆活动。

第三章　会员

第七条　申请加入本会的会员，必须具备下列条件：

(一) 凡在北虹学习过和工作过的师生员工拥护本会的章程义务；

(二) 有加入本会的意愿。

第八条　会员入会的程序：

(一) 提交入会申请表；

(二) 经理事会常委讨论通过。

第九条　会员权利：

(一) 本会的选举权、被选举权和表决权；

(二) 参加本会组织的活动；

(三) 对本会工作的批评建议和监督权；

(四) 入会自愿，退会自由。

第十条　会员的义务：

(一) 执行本会的决议；

(二) 维护本会的合法权益；

(三) 完成本会交办的工作；

(四) 按规定交纳会费。

第十一条　会员退会应书面通知本会。

第十二条　会员如有严重违反本章程的行为，经理事会常务理事表决通过，予以除名。

第四章　组织机构和负责人产生

第十三条　本会组织机构为会员代表大会、理事会、常务理事会。理事会由会员推荐，经过协商讨论组成，每届任期五年。因特殊情况需提前或延期换届的须由理事表决并报请有关主管单位批准同意。理事会的职责是：

(一) 制定、修改本会章程；

(二) 选举和罢免理事；

(三) 审议理事会的工作报告和财务报告；

(四) 讨论决定本会的重大事项；

(五) 制定内部管理制度；

(六) 决定本会的终止。

第十四条　理事会每年至少召开一次会议。

第十五条　本会设会长一人（为本会法定代表人），副会长若干人，秘书长一人，常务理事若干人，组成常务理事会。会长、副会长、秘书长的产生须经理事会表决通过，报业务主管单位审查并社团管理机关批准同意后，方可任职。理事会聘请名誉会长和顾问若干人。

第五章　资产管理，使用原则

第十六条　经费来源：

(一) 会费；

(二) 捐赠；

(三) 利息；

(四) 其他合法收入。

第十七条　本会经费的使用和管理根据国家的行政法规，财经制度，同时建立必要的财务制度。

第六章　章程的修改程序

第十八条　对本会章程的修改，须经常务理事会讨论，理事大会审议通过，报请主管单位审查同意并报社团登记管理机关核准后生效。

第七章　终止程序及终止后的财产处理

第十九条　本会完成亲自或自行解散等原因需要注销的，由常务理事会提出终止动议。

第二十条　本会终止动议须经理事会表决通过，并报业务主管单位审查同意。

第二十一条　本会终止前，须在业务主管单位及有关机关指导下成立清算组织，清理债权债务，处理善后事宜。清算期间，不开展清算以外的活动。

第二十二条　本会经社团登记管理机关办理注销登记手续后即为终止。

第二十三条　本会终止后的剩余财产，在业务主管单位和社团登记管理机关的监督下，按照国家有关规定，用于发展与本团体宗旨相关事业。

第八章　附则

第二十四条　本章程经 1999 年 7 月 3 日理事会表决通过。本章程的解释权属本会的理事会。

第二十五条　本章程自社团登记管理机关核准之日起生效。

上海市虹口区北虹中学校友会

1999.7

校友通讯

上海市北虹高级中学（原圣芳济学院）校友会主办

XIAO YOU TONG XUN

第一期

2005 年 9 月 21 日

北虹高级中学校友会换届改选

5 月 20 日上下午校友会于北虹高级中学敬业楼、学思楼分别召开了全体会长和理事会议。在下午的全体理事会上，校友会会长陈金泉向全体与会者汇报了自 3 月 12 日第五届全体理事会后，校友会所做的有关工作及上午会长会议的提议和下阶段校友会工作的思考，并就以上各项提请全体理事讨论通过。

校友会顾问：毛智凤、徐英俊、吴邦柱、刘季来等于会中发表了热情洋溢的讲话，充分肯定了上届校友会的工作成绩，并对本届校友会下一步工作的思考作了充分的肯定和支持。理事、原北郊中学校长袁明宗先生就校友会如何创设经济实体一事，介绍了北郊中学的成功做法。给所有与会理事很好的启发，引起了大家热烈的议论，管华书记、张峻校长在会上均表示：今后每年学校将根据财力拨一定的经费支持校友会开展各项工作。会中全体理事以鼓掌的形式一致通过了会长会议的提议和下阶段工作的思考。通过了增补吴邦柱，陈琥璋，徐逸仁先生为校友会顾问，增补陈镇镳，李关鸿，朱贤尧，吕兆康，楼国庭，陈奕，吕祥为常务理事的决定。

管华书记还传递了香港实业家、刘季来奖教金捐资人 63 届校友崔伯强先生日前与其通话的主要内容。

我要做第一个

63 届校友名誉会长

李鼎铭先生“精兵简政”的提议曾经在边区的政治生活中产生了极其深远的影响。圣芳济——北虹校友会的工作怎样才能与时俱进，不断开拓新局面呢？我们请五洲四海的校友们献计献策，最近我们收到了名誉会长崔伯强先生的最新提议。

崔先生是香港著名企业家，六三届校友，校友会名誉会长。他是一位友爱同学、尊敬老师、情系母校的知名校友，曾以他在读班级班主任刘季来的名义设立了“刘季来奖教基金”，多年来，崔先生一直关心着母校的发展，多次拨冗前来母校探望。吴祖刚老先生（当年任教该班语文课）今年97岁高龄了，按照香港的风俗，借天一岁，借地一岁，借人一岁，算是期颐之寿了。崔先生提出为吴老先生祝贺百岁华诞。精神矍铄的吴老先生十分高兴，但他提出还是按照家乡上海的风俗办事，表示他一定要健康地活到完完整整的100岁，到时候师生欢聚一

2005 年，《校友通讯》刊登校友会换届选举的信息。

2015 年，校友会举行常务理事会议。

2016 年，第六届校友理事大会暨换届改选大会召开。

2023 年，校友会第八届第一次会员代表大会召开。

校友情深

1989 年，香港实业家崔伯强为感谢母校及班主任刘季来先生的教育栽培，以 1963 届高三（2）班全体同学名义向母校捐赠人民币 33000 元，设立“刘季来教育奖励金”，以褒奖为教育事业做出贡献的教职工。

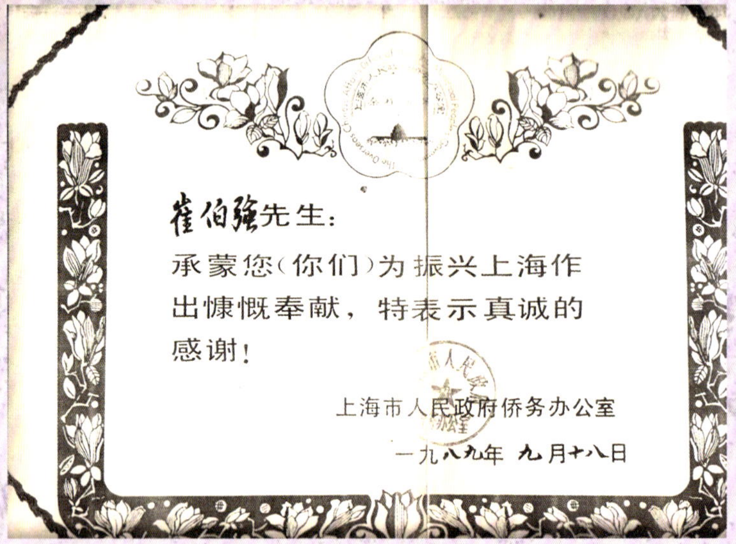

崔伯强先生：

承蒙您（你们）为振兴上海作出慷慨奉献，特表示真诚的感谢！

上海市人民政府侨务办公室

一九八九年 九月十八日

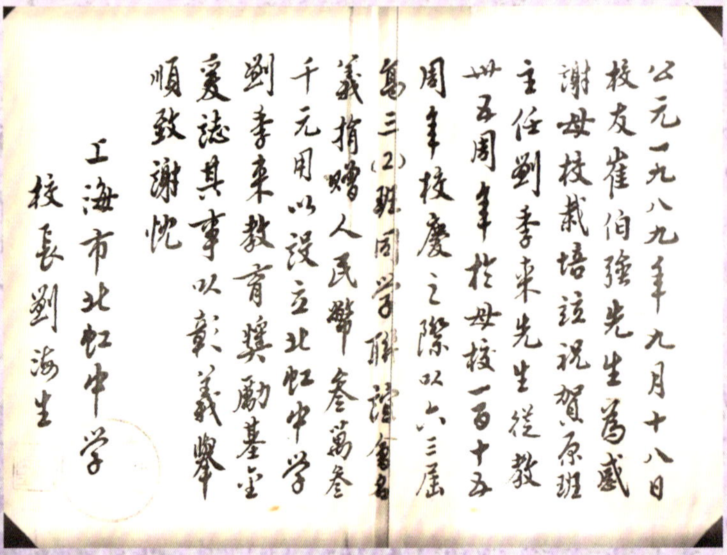

公元一九八九年九月十八日校友崔伯强先生为感谢母校栽培兹祝贺原班主任刘季来先生从教卅五周年于母校一百十五周年校庆之际以六三届高三(2)班同学联谊会名义捐赠人民币叁万叁千元用以设立北虹中学刘季来教育奖励基金褒扬其事以彰义举顺致谢忱

上海市北虹中学

校长刘海生

上海市人民政府侨办和北虹中学向崔伯强校友捐资助学的义举表示感谢。

校友崔伯强再次以授业恩师吴祖刚先生的名字设立“吴祖刚奖学金”，用于表彰品学兼优的在校学生。图为崔伯强先生向吴祖刚老师祝寿

2011 年，“吴祖刚奖学金”颁奖仪式现场。

第 24 届“刘季来奖教金”、第 8 届“吴祖刚奖学金”颁奖仪式现场。

校友情深

1988 年，美国陶氏化学（中国）公司太平洋地区经理、圣芳济学院校友施利华先生回校访问，学校以美国陶氏化学（中国）公司捐赠的款项 2500 美元为基金设立了“陶氏奖学金”。

2014 年 3 月，日籍校友、艺术收藏家小林素文先生向母校捐赠自己创作的油画《钟楼韶光——五十年前的共青团员们》，并捐资设立“共青团艺术奖”。

在艺术节闭幕式上，第一次“共青团艺术奖”颁奖。

2006 年，光大律师事务所律师、校友洪亮在学校建立“光大——北虹法律实践基地”。

洪亮校友在上海司法行政宣讲会上宣讲与母校的法治合作故事

历届校庆

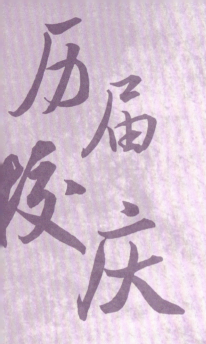

校党支部书记徐开坚、校长吴邦柱将朱学范题写的校名挂牌。

老校长郑凤章（前排右一）、徐英俊（前排左一）为“校史和教育成果展览会”剪彩。

观看校庆文艺晚会

120 周年校庆

老校长徐英俊（前排居中）、校友会会长李安琪（前排右一）与校友们合影。

学生合唱团在校庆典礼上演出

铜管乐队演奏欢迎校友

历届校庆

在校生为毕业校友在校史馆讲解校史

校友何鸿章先生来校

校友欢聚场景

130 周年校庆

校庆大门

姜烈老师执教 60 周年再上讲台

校友欢聚

外籍校友高歌献母校

校合唱队表演

参加活动的嘉宾

历届校庆

校庆当天的校园

学生迎接第一任校长郑凤章先生

黄宝华先生展示当年的学生证

诗朗诵

历届校庆

校庆典礼

香港圣芳济书院代表
向学校赠送礼品

陈俊荣校长与吴佩文老师
忆往昔艺术工作

校友高博文、吕祥、汪嘉麒等
分享交流

学校合唱团谢幕演出

钟楼的孩子

圣芳济时期

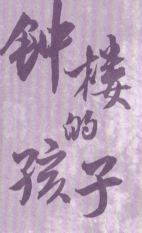

叶肇昌 震旦大学工程系建筑学教授，负责监造徐家汇教堂、佘山圣母堂、震旦大学、徐汇中学

宋子文 民国时期政治家、外交家、金融家。圣芳济学院董事会董事长

朱穰丞 中国近代话剧先驱之一。辛酉剧社创办人，“左联”成员，中共留学生法国支部书记

朱学范 第五、六、七届全国人大常委会副委员长。民革主要创始人之一，民革第六、七届中央主席

程贻泽 著名体育活动家，上海三育足球会、优游体育会创始人。圣芳济学院募捐运动委员会会长

叶蕙石 中国农业保险创始人，中国人保浙江省公司副总经理

何鸿章 香港实业家、慈善家，曾向上海博物馆捐赠“吴王夫差盉”。校友会名誉会长

金绍坊 现代著名竹刻家

鲍国昌 中国民族企业家，信谊药厂创始人之一

安子介 香港知名实业家，第八、九届全国政协副主席

过家鼎 资深翻译家、外交部外语专家，中国驻马尔他、葡萄牙大使

陈树青 香港政府华人副政务司

黄宝华 香港实业家、慈善家，多次支持母校事业发展

施利华 陶氏化学股份有限公司总经理，在母校设立陶氏奖学金

傅伯龙 美国乔治敦大学教授

马里奥·摩莎德 美国职业新闻播音员和制作人，曾两次获艾美奖

萨　姆 澳大利亚墨尔本犹太人博物馆馆长

艾洛松 圣芳济国外校友分会会长

北虹时期

奚伯康 （1957届） 新中国体育开拓者、荣誉勋章获得者

施鹏飞 （1957届） 博士生导师，国家教委科技进步二等奖获得者。曾任上海交通大学图像研究所所长

黄宣邵 （1957届） 曾任上海激光技术研究所总工程师、研究员

汤雪明 （1957届） 国家科技进步三等奖、上海市科技进步一等奖获得者。曾任上海二医大基础医学院院长

刘立清 （1958届） 曾任国家信息产业部党组成员，国家邮政局局长、党组书记。校友会名誉会长

周云琴 （1958届） 曾任中国驻瑞典哥德堡领事馆领事

吕文强 （1958届） 设计家，曾任南京艺术学院设计系系主任。获全国优秀包装装潢工作者称号

蔡天雄 （1958届） 上海工艺美术学校中国画研究室主任、高级讲师，上海中国画院兼职画师

成银生 （1958届） 曾任江苏省委机构编制办事业机构编制处处长。全省脱贫攻坚暨对口帮扶支援合作先进个人

贾立夫 （1959届） 著名词作家。曾任上海音乐文学学会副会长兼秘书长

奚建华 （1960届） 曾任虹口区教育局局长、党委副书记

奚迪华 （1960届） 《文汇报》主任记者，曾任文汇出版社副社长

单焕炎 （1960届） 中国科学院电子所研究院教授

许韵高 （1960届） 上海工艺美术职业学院副教授，上海美术家协会会员、山水画名家

郑洞天 （1961届） 著名导演。北京电影学院导演系教授

孙幼丽 （1961届） 全国劳动模范、特级教师。曾任上海市民办丽英小学校长

项斯文 （1961届） 曾任民革上海市委副主委，上海中山文化交流协会会长

戚德星 （1961届） “体育荣誉奖章”获得者

吕兆康 （1963届） 上海戏剧学院戏文系教授，上戏民盟主委、民盟十三大代表

陈俊荣 （1963届） 曾任上海市北虹中学副校长。长年服务校友会工作

小林素文 （1963届） 日籍收藏家。北虹“共青团艺术奖”设立者

崔伯强 （1963届） 香港实业家。北虹“吴祖刚奖学金”“刘季来奖教金”设立者

沈幼生 （1963届） 特级教师。曾任闸北中学校长、上海市特殊教育学校校长

马定华 （1964届） 曾任803刑警总队副总队长，上海市宗教事务局副局长

钟楼的孩子

周玉明 （1964 届） 《文汇报》首席记者

朱贤亮 （1966 届） 上海纪录频道资深制片人，上海哔哩哔哩公司记录频道负责人

齐沪扬 （1966 届） 上海师范大学对外汉语学院教授、博士生导师，中国语言学会理事

钟德浩 （1966 届） 曾任上海市规划局党委副书记、纪委书记

陈接章 （1967 届） 曾任上海东方广播电台副台长

薛理勇 （1967 届） 曾任上海市历史博物馆学术委员会副主任，上海市规划委员会委员

严定邦 （1967 届） 曾任闸北区政协副主席、民建闸北区委主委

应蓓仪 （1968 届） 曾任上海市人大常委会委员，虹口区人大常委会主任

张春柏 （1968 届） 资深翻译家，上海外文协会、上海翻译家协会副会长。曾任华东师范大学光华学院院长

戴光华 （1969 届） 上海师范大学美术学院教授、硕士生导师。上海美术家协会会员

黄杰民 （1970 届） 曾任中华人民共和国驻科威特、驻阿拉伯联合酋长国大使

钟　勤 （1970 届） 同济大学艺术与传媒学院教授，上海电影家协会会员。曾任同济大学电影学院副院长

陈世鸣 （1973 届） 土木工程防灾顶级科学家，教授、博士生导师。曾任同济大学土木工程学院党委书记

吴学盛 （1974 届） 中国人民解放军少将，曾任广州军区空军装备技术部部长

方惠萍 （1975 届） 曾任上海市政协副主席

朱勤国 （1976 届） 上海市青年企业家。第四届全运会航海模型无线电操纵船模冠军，荣立一等功

陈永岚 （1977 届） 曾任联合国开发计划署纽约总部信息技术部主任，瑞典投资促进署中国区首席代表

高冠钢 （1977 届） 复旦大学新闻学院培养的第一个博士生

蒋瑾瑾 （1978 届） 上海长海医院儿科主任、主任医师、教授。中国优生优育协会理事

姚文凯 （1979 届） 第七届世界航模比赛冠军，两次获国家体育运动荣誉奖章

傅林祥 （1979 届） 复旦大学历史地理研究中心教授、博士生导师

华学明 （1979 届） 中国围棋国家队领队，中国围棋协会副主席，曾获围棋女子全国冠军

徐　磊 （1980 届） 知名主持人，上海广播电视台法务处处长

庄振文 （1980 届） 全国政协委员。台盟上海市委原副主委，上海市台湾同胞联谊会专职副会长

杜智山 （1980 届） 中国女子重剑队、现代五项教练，曾获全国青少年击剑冠军赛重剑冠军

黄沂海 （1983 届） 上海市银行博物馆馆长，《行家》《银行博物》杂志主编

高博文	（1983 届）	上海市评弹团团长，国家一级演员
车嘉华	（1986 届）	上海市高考文科状元，美国斯坦福大学经济系博士
徐　卫	（1986 届）	上海音乐学院党委副书记、副院长
陆　铭	（1986 届）	上海浦东科技金融服务联合会理事长，中国金融教育发展基金会上海基地负责人
房芸芳	（1988 届）	上海市徐汇区图书馆馆长、徐汇区土山湾博物馆馆长
姜晓凌	（1988 届）	上海科技报社常务副总编
章　民	（1990 届）	上海大学管乐团常任指挥，中国管乐学会理事、上海音乐家协会会员
张蒙晰	（1990 届）	上海广播电视台外语频道主持人
马伊琍	（1994 届）	国家一级演员，上海电视节白玉兰奖最佳女主角获得者
洪　亮	（1994 届）	全国劳动模范、“五一”劳动奖章获得者，上海青年“五四”奖章获得者
孙　俪	（1994 届）	中国电视剧飞天奖优秀女演员奖、上海电视节白玉兰奖最佳女主角获得者
薛颖佳	（1994 届）	著名钢琴家。曾获巴黎斯克里亚宾国际钢琴大赛第一名
陈　蓉	（1995 届）	上海广播电视台主持人

附录

一、大事记

1874年9月21日,法国天主教会圣若瑟堂在法租界公馆马路口(今金陵东路)创设“圣芳济学堂”,招收西童入学。

1880年9月6日,圣芳济学堂迎来第一位中国学生,学堂开设中国班。

1882年11月,教会在虹口南浔路圣心堂对面购地一块,投资40000银元,新校区奠基开建。

1884年9月,圣芳济学堂迁入虹口新址南浔路281号,更名为“圣芳济学院”。上海道台邵友濂赠送学院一座从西洋进口的大型建筑钟。

1895年12月,天主教主母会接管圣芳济学院。

1901年,圣芳济学院将中国班划分出来单独成立中国部。

1905年,圣芳济学院第一次派4名学生赴英国参加剑桥海外考试,有3人获得合格文凭。至1909年,学校共有37名学生通过剑桥考试。

1922年,圣芳济学院筹备扩建分校,主母会向社会各界进行第一次善款募捐。

1923年,圣芳济学院中国部迁出,在熙华德路(今长治路)一栋旧式楼房开设“圣芳济学院分校”。同年,《圣芳济学院章程》出刊。

1934年,学院隆重举行建校六十周年大庆,社会名流纷纷出席,马相伯、宋子文、吴铁城、于右任等知名人士纷纷题词。校友借此再行扩建募捐,用于建造新校舍。

1939年9月,圣芳济学院中国部迁入福煦路(今延安中路)新址,改校名为“圣芳济中学”。

1944年,圣芳济学院在南浔路校址分设中国班,定名为“圣芳济中学分校”,福煦路的圣芳济中学为总校。

1950年2月,上海市人民政府教育局接管圣芳济中学,圣芳济中学总校和分校分别改名为私立时代中学总校和分校,吴铎同志担任分校负责人。

1953年,改私立时代中学总校和分校为私立时代中学南校与北校。圣芳济学院由时代北校接收。

1953年8月16日,上海市教育局改时代中学为公办,北校改名为上海市北虹中学,郑凤章担任首任校长。

1956年,中共北虹中学支部成立。

1965年9月,虹口区教育局借北虹中学北楼创办“上海市微山初级中学”。

1969年4月,微山初级中学并入北虹中学。

1978年春,虹口区教育局将北虹中学列入区重点中学,分设初、高中部。

1980 年 9 月，世界航海模运动协会主席莫里斯・费兰克来学校参观访问。

1981 年，学校在运用电影配合课堂教学方面卓有成效，《文汇报》在头版头条报道并加短评“让电影走进课堂”，该报道载入《中国教育年鉴（1949—1984）》。

1982 年夏，全国人大常委会副委员长、校友朱学范回母校访问。

1982 年，北虹中学与中国民主促进会虹口区委联合创办“虹进补习学校”，1983 年更名为“北虹中学附设夜校部”。

1983 年，车嘉华同学荣膺上海市高考文科状元。

1984 年 9 月，北虹中学举行建校三十周年、圣芳济建校一百一十周年校庆活动，全国人大常委会副委员长、校友朱学范为学校题写的校牌“上海市北虹中学”挂牌。

1985 年 5 月，北虹中学举办第一届“北虹之春”文艺汇演。

1986 年，北虹中学提出“学会学习，善于适应，勇于创造”的校训。

1986 年，上海市北虹中学（原圣芳济学院）校友会成立。

1988 年，圣芳济学院校友施利华先生在母校设立“陶氏奖学金”。

1989 年 9 月，北虹中学（原圣芳济学院）建校一百一十五周年校庆，香港实业家崔伯强为感谢母校及班主任刘季来先生的教育栽培，设立“刘季来奖教金”。

1991 年 3 月，上海市教育局批准北虹中学为“上海市中小学课程教材改革整体试验学校”。

1991 年，北虹中学被命名为“上海市体育传统项目学校（空海模）”。

1992 年，北虹中学被上海市教育局授予“中学生行为规范示范学校”称号。

1993 年 3 月，北虹中学组建艺术班。

1994 年 11 月，北虹中学荣获上海市中小学自制教具活动先进集体。

1994 年 12 月，北虹中学合唱队荣获上海市学生合唱比赛重点高中专场一等奖。

1994 年 12 月，北虹中学成为上海戏剧学院重点联系学校。

1996 年 10 月，北虹中学荣获上海市第二届学生艺术节合唱专场一等奖、校园文化百花奖（录像评比）一等奖。

1997 年，北虹中学高中部扩招，初中部停止招生。

1998 年，北虹中学被确定为“上海市中小学课程教材改革研究基地”。

1998 年，北虹中学合唱队在上海市布谷鸟学生音乐节上获重点高中合唱比赛一等奖。

2000 年 5 月，北虹中学与香港圣芳济书院和荃湾圣芳济中学建立联系，定期互访。

2000 年 6 月，北虹中学钟楼大修，操场翻新，新建综合楼竣工。

2001 年，北虹中学开始中英文双语教育的先期尝试。

2002 年 5 月，来自美国、加拿大等国的原圣芳济学院和时代中学校友一行 23 人回母校访问。

2002 年 12 月，上海市教委双语教学领导小组来校指导，对学校双语教学改革给予充分肯定。

2003 年 5 月，经虹口区机构编制委员会批准，北虹中学正式更名为“上海市北虹高级中学”。

2003 年 5 月，北虹高级中学被市教委批准为“上海市 TI 数理教学技术试验学校”。

2004 年 4 月，“圣芳济学院”旧址成为“上海市第一批登记不可移动文物”。

2004 年 9 月 21 日，北虹高级中学隆重举行建校一百三十周年校庆活动。

2005 年，北虹高级中学提出“有效学校”办学目标，并将创建“有效学校”正式写入学校章程。

2005 年，原虹口区第一中心小学校舍划归北虹高级中学。

2006 年，校友洪亮在校建立“光大—北虹法律实践基地”，开展法制教育。

2007 年，校友崔伯强以授业恩师的名字设立了“吴祖刚奖学金”，用于表彰品学兼优的在校学生。

2007 年，北虹高级中学成立艺术课程建设组。

2009 年 9 月，北虹高级中学隆重举行建校一百三十五周年校庆活动，并与来访祝贺的香港荃湾圣芳济中学正式缔结为“兄弟学校”。

2009 年 9 月，北虹高级中学明确提出将戏剧作为学校艺术特色发展的龙头。

2012 年，北虹高级中学成立“教育戏剧工作室”，着手艺术课程开发。

2013 年 9 月，南浔路校舍整体改扩建工程开工，学校暂至广粤路 328 号临时安置点过渡。

2013 年 12 月，北虹高级中学在上海市第四届中小学生艺术展演活动校园剧专场中，获得中学组二等奖。

2014 年 3 月，校友小林素文先生向母校捐赠油画《钟楼韶光——五十年前的共青团员们》，并且捐资设立“共青团艺术奖”。

2014 年 4 月，北虹高级中学与上海戏剧学院签订《艺术人才培养合作协议》。

2014 年 9 月，北虹高级中学（前圣芳济学院）建校一百四十周年校庆活动在广粤路临时校址举行。

2015 年 5 月，在第三十届“北虹之春”艺术节上，学校颁发“艺术教育杰出贡献奖”，表彰为艺术教育发展做出重大贡献的教师，《文汇报》就“北虹之春”艺术节三十年做专题报道。

2015 年 10 月，北虹高级中学荣获“上海市艺术教育特色学校”称号。

2016 年 3 月，北虹高级中学成立“北虹剧团”，校友马伊琍担任剧团艺术顾问。

2016 年 6 月，北虹高级中学被评为上海市中学中职共青团工作示范单位。

2016 年 6 月，北虹高级中学与青海果洛州民族高级中学缔结为友好学校。

2016 年 11 月，上海市特色学校建设专家论证会在北虹高级中学举行。

2017 年 4 月，北虹高级中学一期改建完成，正式回迁南浔路 281 号。

2017 年 8 月，国家教育咨询委员会、国家教育考试指导委员会来学校调研座谈。

2017 年 9 月，北虹高级中学成为虹口区教育局见习教师规范化培训基地。

2017 年 11 月，北虹高级中学进入上海市特色普通高中建设第三批项目学校。

2017 年 12 月，北虹高级中学组队参加全国 DI 青少年创新思维竞赛总决赛，荣获中国区三等奖，上海市二等奖。

2018 年 4 月，北虹高级中学《高中戏剧教育特色课程建设的探索与实践》获得上海市基础教育教学成果二等奖。

2018 年 6 月，北虹高级中学参加第十五届上海教育博览会，获得“十佳”艺术特色高中展台。

2018 年 9 月，学校青年教师协会成立，第一届“青桐杯”青年教师教学评比大赛展开。

2018 年 11 月，北虹高级中学参加全国 DI 青少年创新思维竞赛总决赛，荣获文艺复兴奖一等奖，挑战 D 创新思维奖三等奖。

2018 年 12 月，北虹高级中学《基于特色普通高中的大艺术课程建设研究》荣获上海市教育科学研究院第六届学校教育科研成果三等奖。

2018 年 12 月，施荣老师荣获 2018 年上海市中小学中青年教师教学评选一等奖。

2019 年 3 月，北虹高级中学教代会通过《打造“艺术北虹”品牌 创建特色普通高中》三年规划，全力投入上海市特色普通高中创建工作。

2019 年 4 月，香港圣芳济书院师生来校交流访问并与北虹高级中学缔交友好姊妹学校。

2019 年 6 月，北虹高级中学 Aplus 人声乐团荣获“2019 上海市阿卡贝拉音乐大赛”银奖团队。

2019 年 9 月，学校承办“第三届全国中小学生电影周学科教学与电影育人——中学艺术学科专场展示活动”。

2020 年 12 月，北虹高级中学与上海多伦现代美术馆签署合作协议，学生艺术作品开始在多伦美术馆展出。

2021 年 3 月，虹口区学生戏剧联盟成立仪式暨“北虹剧团”六周年展演活动在北虹剧场举行，北虹高级中学为虹口区戏剧联盟盟主单位，并演出年度大戏《风雪夜归人》。

2021 年 5 月，北虹高级中学面向全市成功举办市特色普通高中创建展示活动。

2021 年 12 月，上海市特色学校评审会议在北虹高级中学举行。

2022 年，北虹高级中学课程实施规划《“大艺术课程”，育“新时代公民”——上海市北虹高级中学课程三年规划（2021—2024）》，被上海市教育委员会基础教育处、教学研究室评定为“特色规划”。

2022 年 12 月，北虹高级中学荣获“青春放歌 唱响未来”2022 年上海市学生合唱节中学甲组短视频一等奖。

2022 年 12 月，刘芳芳老师荣获上海市中小学中青年教师教学比赛一等奖。

2023 年 3 月，北虹高级中学与青海果洛州大武民族中学签署友好学校协议。

2023 年 4 月，北虹高级中学扩建项目开工仪式在南浔路 281 号举行。

2023 年 7 月，上海音乐学院领导、专家组与虹口区教育局领导来北虹高级中学就合作办学进行调研。

2023 年 7 月，北虹高级中学织梦合唱团荣获全国少年儿童合唱节二等奖。

2023 年 9 月，在虹口区全面推进教育综合改革大会上，决定将虹口区艺术教育发展中心设在北虹高级中学，学校与上海音乐学院签订战略合作框架协议。

2023 年 10 月，北虹高级中学承办虹口区首届高中生阿卡贝拉音乐会。

2024 年 2 月，经虹口区机构编制委员会批准，上海市北虹高级中学更名为“上海音乐学院虹口区北虹高级中学”。

2024 年 9 月 1 日上午，上音—虹口合作办学学校揭牌仪式暨虹音艺术教育集团成立仪式在上音北虹高级中学举行。区委书记李谦、上海音乐学院院长廖昌永、市教委副主任杨振峰出席仪式并讲话。

二、荣誉称号

上海市中小学课程教材整体试验学校
上海市中小学课程教材改革研究基地
上海市普通高中新课程新教材实施研究与实践项目学校

上海市文明单位
上海市文明校园
上海市依法治校示范校
上海市平安示范单位
上海市安全文明校园
上海市绿色学校称号
上海市中学生行为规范示范校
上海市巾帼文明岗
教工团支部“上海市新长征突击队”
政史地组荣获上海市巾帼文明岗

上海市拥军模范单位
上海市中小学涉台教育工作先进单位
上海市“爱心助老特色基地”
上海市第八届金爱心集体
上海市未成年人思想道德建设工作先进单位
上海市人文关怀心理服务示范点
上海市中小学心理健康示范校
上海市中小学（中职）劳动教育特色学校
上海市体育传统项目学校（空海模）
上海市航空模型协会团体会员单位
TI 数理教学技术试验学校

中国青少年科学素质培养计划——上海试点推广项目试点学校
中国教育学会科创教育发展中心项目校
上海市教学电影工作先进集体
上海市艺术教育特色学校
上海市特色普通高中建设第三批项目学校
上海学生戏剧联盟成员单位
上海市中华优秀传统文化传承学校
上海阿卡贝拉联盟会员
上海学生合唱联盟成员
上海戏剧学院重点联系学校

图书在版编目（CIP）数据
芳虹吐颖 弦歌不辍：北虹150周年图史 / 上海音乐学院虹口区北虹高级中学，上海市虹口区档案馆编.
上海：上海教育出版社，2024.8. — ISBN 978-7-5720-2886-1
Ⅰ. G639.285.1-64
中国国家版本馆CIP数据核字第2024YQ0987号

策划编辑　刘美文
责任编辑　周　伟
美术编辑　周　吉

芳虹吐颖 弦歌不辍：北虹150周年图史
上海音乐学院虹口区北虹高级中学　上海市虹口区档案馆　编

出版发行　上海教育出版社有限公司
官　　网　www.seph.com.cn
地　　址　上海市闵行区号景路159弄C座
邮　　编　201101
印　　刷　上海盛通时代印刷有限公司
开　　本　889 × 1194　1/12　印张 16　插页 4
字　　数　185 千字
版　　次　2024年9月第1版
印　　次　2024年9月第1次印刷
书　　号　ISBN 978-7-5720-2886-1/G·2555
定　　价　198.00 元